【项目资助】

国家自然科学基金青年科学基金项目
"标签聚合学习视角下破产预测模型与方法研究"
（71901155）阶段性成果

机器学习与
股票择时

邱　月　著

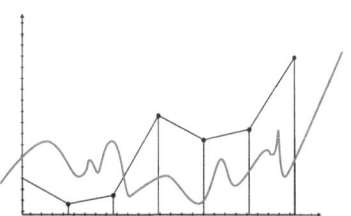

首都经济贸易大学出版社

Capital University of Economics and Business Press

·北　京·

图书在版编目（CIP）数据

机器学习与股票择时／邱月著. -- 北京：首都经济贸易大学出版社，2021. 10

ISBN 978-7-5638-3298-9

Ⅰ. ①机… Ⅱ. ①邱… Ⅲ. ①机器学习—应用—股票投资 Ⅳ. ①F830. 91

中国版本图书馆 CIP 数据核字（2021）第 220526 号

机器学习与股票择时

邱 月 著

JIQI XUEXI YU GUPIAO ZESHI

责任编辑	陈雪莲
封面设计	风得信·阿东 FondesyDesign
出版发行	首都经济贸易大学出版社
地　　址	北京市朝阳区红庙（邮编 100026）
电　　话	(010) 65976483　65065761　65071505（传真）
网　　址	http://www.sjmcb.com
E- mail	publish@cueb.edu.cn
经　　销	全国新华书店
照　　排	北京砚祥志远激光照排技术有限公司
印　　刷	北京建宏印刷有限公司
成品尺寸	170 毫米×240 毫米　1/16
字　　数	123 千字
印　　张	9. 25
版　　次	2021 年 10 月第 1 版　2024 年 11 月第 3 次印刷
书　　号	ISBN 978-7-5638-3298-9
定　　价	45. 00 元

前　言

随着计算机技术在运算能力、数据存储等方面的快速发展，传统股票投资方法的弊端被不断放大，新兴的量化投资方法受到人们的广泛关注，依赖计算机技术的机器学习算法被越来越多地应用于股票研究领域。本书构建了新的股票择时模型，并进行了实证研究，为相关学者后续研究提供了新思路和新方法。

本书首先研究了支持向量机、量化择时策略和我国市场有效性的相关理论。研究发现萤火虫算法（FA）在处理高维度寻优任务时存在两个缺陷：萤火虫个体之间的吸引度较低，导致算法在迭代前期容易陷入局部最优的情况；萤火虫算法在迭代后期寻优精度较低。针对存在的缺陷，本书改进了一种动态搜索萤火虫算法——MFA 算法：首先，引入最小吸引度，用于寻优前期增加萤火虫之间信息交流的可能性；其次，应用动态搜索，根据目标函数最优值信息，使萤火虫自适应调整迭代步长。我们将 MFA 算法应用于变量的选取及参数寻优，期待得到更出色的择时效果。随后，将改进的萤火虫算法用于支持向量机的优化，系统地构建了基于 MFA-SVM 的量化择时模型并加以实证。该模型结合了量化择时策略、萤火虫算法及支持向量机，充分发挥了三者的优势。构建的 MFA-SVM 择时模型克服了传统择时交易中的缺陷，将量化择时的理论付诸实践，为量化投资的研究者提供了更多的参考思路和模型。在实证部分，本书使用了平安银行、中信证券、中证 500 指数、创业板指数和沪深 300 指数作为实证对象进行训练与测试，分析 MFA-SVM 择时模型的效果，并与买入持有策略、标准 FA-SVM、GA-SVM 和 PSO-SVM 模型进行比较。从模型的准确率及收益评价指标来看，MFA-SVM 择时模型表现较优，本书所构建的 MFA-

SVM 股票择时模型是有效可行的。

　　首先针对传统神经网络层数不足等局限，本书提出一种适用于股票择时问题的混合 CNN-RNN 模型，该模型由一维 CNN 模块（卷积层和池化层）、RNN 模块（双层 LSTM 和双层 GRU）、ReLU 激活函数层组成。其次，为了提高模型的分类精度，本书通过 20 次独立重复实验取平均值的方法，给出了混合 CNN-RNN 模型的最优参数，如迭代次数、批尺寸和学习率。再次，本书选取 UCI 机器学习库中的 5 个二分类数据集，并且与 SVM 等 12 个模型进行对比分析，结果表明混合 CNN-RNN 模型有良好的数据分类能力。最后，对 6 只股票进行测试并且与 12 个模型进行对比分析，在模型准确率、MSE 值和 AUC 值三个指标上，混合 CNN-RNN 模型的表现明显优于其他 12 个对比模型。结果表明，本书所提出的混合 CNN-RNN 模型是值得信赖的、有效的股票择时模型。

　　参与全书写作和审校工作的还有陈振松、陈皓、杨昊宇、宋哲玮、闫明杰、吴英丽、郭旗等。

目　录

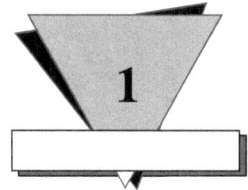

绪论

1.1 研究背景及意义

1.1.1 研究背景

改革开放 40 余年，中国经济发生了翻天覆地的变化，经济高速腾飞，对于股票市场而言，改变也是非常巨大的。改革开放初期，在国家政策的大力扶持下，1990 年深圳证券交易所在深圳建立。对于金融市场而言，除了股票、债券这类传统的金融投资产品，股指期货这种另类投资产品在市场中也有着举足轻重的分量。2010 年，中国证券监督管理委员会颁布了另类投资产品的相关制度，期权、期货等金融产品第一次出现在中国金融市场。

众所周知，中国的金融市场和欧美发达国家的金融市场相比，有着很大的区别。通俗来讲，对于欧美发达国家的金融市场来说，政府对金融市场的干预和监管力度相对较小，这样可以使资本以更加合理的方式在金融市场流动。例如，欧美金融市场允许对股票进行做空，这样可以使股票价格以更加快速的方式回归公允价值，而在很多发展中国家，股票做空是明令禁止的。我国的金融市场就十分特殊，社会主义国家以公有制为主体，这就解释了为什么我国拥有众多的国有企业，同时又在积极探索私有制经济模式。因为欧美等国家依靠市场经济所取得的巨大经济成就是有目共睹的，所以我国的金融市场，既要参考发达国家的先进经验，又要考虑到我国的国情和经济发展规律，因而带有我国鲜明的特色。随着改革开放的进行，我国资本市场不断开放和发展，"企业股份制"这个新名词越来越多地进入人们的视野。在 20 世纪 90 年代，最初代的股票市场第一次出现在我国金融市场中，虽然还远远不够完善，但在我国金融发展史上具有里程

碑的意义。随着股票市场不断地发展和完善，越来越多的投资者为了获得超额收益和巨大利润，纷纷进入股票市场进行投资。投资者的大量涌入，不仅促使我国股票市场不断完善，更为重要的是，股票市场的发展使众多本国企业获得了额外的融资渠道，摆脱了以往融资难、融资贵的老问题，从而使得中国经济不断繁荣。然而，股票市场的开放给中国经济带来巨大的发展动能的同时，也造成了一定的负面影响，如金融市场造假、投机者不断增多和非法融资等问题。但总体来说，股票市场的开放是利大于弊的。

股票市场在经济生活中起着越来越重要的作用，越来越多的投资者和研究者开始关注股票投资方法。股票投资分析方法众多，但最广为人知的有以下几种：基本面分析、指标分析和演化分析。基本面分析是金融市场最为重要的分析方法之一，其核心思想在于分析识别企业的内在价值。具体来说，首先分析宏观经济，如世界经济发展形势，然后分析行业发展前景，判断是夕阳行业还是新兴行业，最后可以从企业自身的经营情况进行分析。通过分析公司年报如分析企业报表，来了解是否存在盈余管理或财务造假等情况。指标分析不同于基本面分析，指标分析相信通过分析股票的交易量和股票价格等数据，可以重现股票以前的价格走势，从而获得超额收益，经典的技术指标有 MA 和 MACD 等。但指标分析具有明显的局限性，因为它需要假设以前的股票价格变化趋势会重现，在美国等发达国家的金融市场上，研究者们认为当金融市场是弱式有效的，依靠价格和交易量等信息的指标分析方法是无法获得超额收益的，因为所有的价格和交易量等信息都已经包含进股票价格中了。演化分析的核心思想在于，其认为不同元素和属性之间都存在内在联系和逻辑关系，可以通过演化分析找出对应的联系并提出合乎情理的解释。对于股票市场来说，价格变化是最为重要的元素，找到价格变化和股票市场其他元素之间的内在逻辑，可以构

建相应框架并得出结论。

20世纪70年代，著名数学家詹姆斯·西蒙斯（James Simmons）以数学知识为基础，将计算机软件作为工具开始研究股市。他通过数学建模等方式，分析了成千上万的股票数据，成功挑选出值得投资并获益的证券，从此成为股市传奇人物。之后，这种投资方式被叫作量化交易。量化交易是理财方式的一种，主要依靠计算机软件对所需数据进行统计分析，不同于传统投资决策所依靠的经验判断，量化背后的理论基础是统计学中的"概率"事件。本质上，量化交易依靠大量的已有的数据来预测各种可能给投资者带来更高收益的"大概率"事件，从而制定投资策略，并通过数学模型对这些策略进行论证，以获得超额的投资收益。

国外的量化投资发展较早且技术较为成熟，但是我国直到21世纪初才开始关注和发展量化投资。由于在对冲方面技术欠缺，国内高水平、有价值的量化投资在2011年才开始涌现。随着2014年股市的普遍利好，基于量化投资的私募基金和公募基金产品层出不穷，但总体而言，我国量化投资仍处于初期阶段。

近年来，许多研究逐渐发现，中国股市的趋势走向并非无迹可寻，而是在一定程度上可预见的。随着计算机在计算能力、数据存储等方面的快速发展，传统股票投资方法的弊端被不断放大，新兴的量化投资方法越来越受到人们的关注。与此同时，我国在人工智能领域也投入巨大，一大批对数据进行收集、挖掘及分析的工具不断涌现，这为机器学习的发展提供了硬件上的支持。在金融交易当中，必定会产生非常多的历史数据，因此利用数据挖掘和机器学习对其加以学习利用是再合适不过的。我国股市的资金量、投资者的人数都是十分可观的，因此将机器学习技术与股票投资相结合，让计算机更多地帮助投资者去做决策的需求十分迫切，因为量化投资既避免了经验投资的主观性，也让我国的股市投资有了更丰富的

工具。

量化投资的核心和关键在于建立相应的模型，该模型可以发现股票市场上不同元素之间的内在联系，从而预测出未来股票的走势。由于所建立的模型通常需要大量的数学计算，所以量化投资十分依靠计算机技术。如果没有现在的独立显卡，我们就很难完成深度学习中动辄上万次的计算；没有 Python 等编程语言，我们就无法快速地构建出机器学习模型。传统的投资方法更注重人为的分析和投资者的感觉，过于主观，而且当交易量和交易金额过大时，这种依靠主观判断的投资方式在预测准确率和跟踪监测等方面都力不从心。而量化投资所依靠的主要是复杂的数学模型，以机器学习为例，输入相应数据，模型可以依靠复杂的数学公式进行推导并得出预测结果，在处理复杂、多维数据时具有明显优势，更为重要的是，其克服了投资者贪婪、恐惧等主观情绪的偏差。机器学习算法作为一种新兴的人工智能技术，可以适应新的数据变化，从海量的数据中寻找数据的潜在规律和价值，十分适用于股票的量化投资研究，渐渐成为未来研究股票择时问题研究的新方向和新思路。

然而，机器学习方法虽然有其独特的优势且在诸多领域都有不俗的表现，但对数据的特征进行分析是十分困难的，模型自身无法胜任这一工作，也就是说特征工程需要人类专家来完成。如果将原始数据直接输入到机器学习模型中，往往只能获得较低的准确率且模型可信度不高，原因在于原始数据往往是"脏数据"。以股票数据为例，在计算技术指标时，往往会出现空值和异常值，如果不对这些空值和异常值进行处理，就会给模型训练造成困难。不仅如此，有些技术指标取值很大（取到几十或者几百），而有的取值很小（只取到零点几），如果不对原始数据进行一些预先处理的话，机器学习模型是无法进行训练的。然而，特征工程的局限性在于要花费大量的时间和精力去实现，并且实现效果的优劣十分依赖于人类

专家的主观判断。近年来，深度学习迅猛发展，在继承传统机器学习优点的基础上，还避免了其通常所需要的复杂的特征工程，这使得基于深度学习的数据挖掘得到了社会的广泛关注。深度学习可以看作是一种特殊的机器学习算法，其灵感来源于我们人类自身的思考方式。众所周知，人之所以可以思考，根本原因在于神经元所构成的神经网络，将我们的思想和指令传递到身体的各个部位并且可以不断重复。深度学习正是借用了此灵感，通过数学建模模拟出神经元和神经网络，通过不断迭代和反向传播，使残值不断缩小直到稳定在一个较低水平。可以说，深度学习就是模拟和构建出了人脑的思考方式，使其能够像人一样具有分析和学习的能力。与其他算法相比，深度学习算法并不十分依靠复杂的特征工程来提高模型的准确率，其独特的神经网络结构可以不断自我学习，在处理复杂的非线性关系的数据上具有天然优势，而且事实证明，深度学习在计算机视觉、语言识别、自然语言处理等诸多领域都有着良好的表现。

1.1.2　研究意义

投资对于市场经济的重要性不言而喻。所谓投资，就是寻找一种最高效的方法对资源进行配置。不过成功的投资是需要前提的，即需要大量的数据分析做支撑，可以说数据分析的优劣对于项目投资的成功与否起到了举足轻重的作用。但是，凭借人类自身的大脑，是无法对大量数据进行高效分析的。近年来，计算机技术在软件和硬件方面取得令人瞩目的突破之后，可以更好地与先进的算法和建模理念相结合，给复杂的数据分析带来了更多的可能性，让处理过程变得更加简洁，从而令计算机技术成为投资决策中的重要一环，并使得投资决策更加具有客观性。

依靠传统的投资方式，如基本面分析，很难通过计算机建模对企业报表进行评估，更多依靠的是分析师主观的经验和判断。这和市场上大部分

股票投资者相同，在进行股票投资时，往往依靠的是主观意愿和所谓的经验，而对于股票数据知之甚少。相比之下，量化投资的优势便体现出来了，量化投资往往通过复杂的数学公式，对不同的股票市场和不同的股票种类进行针对性建模，避免了主观经验和主观判断的偏误。除此之外，由于自身模型较为复杂，往往会借助计算机工具进行模型运算，这样就大大提高了预测效率和预测准确率，同时节省了大量的人力物力，发展潜力巨大。对于原始数据的来源和采集方式，传统的投资方法并不是很重视，但这正是构建模型的关键所在。可以这样试想：如果原始数据就是错误或者不准确的，那么依靠数据所建立的模型势必也是失败的。量化投资的思想在于对数据进行分析，而有效的数据分析离不开原始数据的可信度和准确性，量化投资充分考虑到了传统投资经常忽略的这一点。最后，量化投资的着眼点绝不仅仅是对于传统投资项目的数据分析。其实数据分析是一个广义的概念，并不是单纯地对数字信息进行建模和分析，一些不确定性高的或变动概率大的投资项目数据和公司价值管理模型数据也应该包含在内。

我国股票市场近年来不断壮大发展，群众参与度和社会讨论度都有明显提升。目前，在股市投资方面的研究受到学者的广泛关注，针对股票择时的研究当然必不可少。不难发现，近年来的量化投资模型依靠发展迅猛的计算机技术，取得了长足的进步，但使用的数学模型往往是相对简单的。然而，在如今高速发展并且不断完善的金融市场中，简单的数学模型越来越难以适用。理论上来讲，可供量化投资所使用的信息和资源是与日俱增的，但简单的数学模型往往只能分析简单的数学数据，对于新兴的视频（如抖音短视频）和文本资源（如知乎上的文本资源）无法利用，这无疑是一个巨大的损失。随着技术的不断发展，机器学习算法给量化投资带来了新方向、新动力。机器学习算法通常依靠经过特征工程处理后的数据，在一定条件下进行分类和预测。在一些领域中机器学习的准确率已经

逼近或者超过了人类，这也解释了为什么机器学习能渐渐在量化投资领域占有一席之地。因此，本书在研究现有文献的基础上，发现及总结了择时操作中有待改进的方面，提出了改进的 MFA-SVM 量化择时模型，旨在提高股票择时准确率及投资收益率。

深度学习算法在近些年来发展迅猛，它可以模拟人脑的思考方式进行自我学习，弥补了诸多传统模型的缺陷。在继承传统机器学习算法优点的基础上，深度学习算法更适用于处理大量、高速、多样的数据，而且不再依赖于复杂的特征工程技术来提高模型准确率。在如自动驾驶、语音识别等众多领域，深度学习算法体现出了巨大的发展潜力，其准确率远远高于传统的机器学习算法。与传统的机器学习算法相比，深度学习算法适应性更强，更易于转换，并且不需要做复杂的特征工程，受到了越来越多研究者的关注，所以基于深度学习算法的股票研究给未来的股票研究提供了一种全新的思路和指导，对该领域的不断发展有着重要意义。本书基于深度学习算法，构建出一种新颖的股票择时模型，并且对模型进行实证研究，证明其具有良好的择时能力和盈利能力。

1.2　研究现状

1.2.1　国内研究现状

通过择时判断出未来股票的涨跌走势，投资者将模型预测结果作为辅助决策的工具之一，并且做出相应的交易操作。由于本书研究的是股票择时，因此在做前期准备工作时必须确定股价的变化规律以及我国股市目前所处的状态。已有探索股价的方法包括基本面分析、技术分析等，这些技术手段运用得已经较为成熟，但是在预测精度上存在不足且耗时耗力。因

此，本书利用机器学习技术结合股票的技术指标，让计算机自我学习进行量化择时操作。在我国股票市场中，相关学者对市场的有效性进行了大量的研究，这为本书应用技术指标分析方法提供了有效市场理论的支持。史代敏在研究我国上证指数时，选取了 8 年内的股票历史数据作为训练数据，最终得出结论：该研究对象的股价变化是有迹可循的，即"周五效应"。王美今和孙建军选取上证交易所和深证交易所 2 年内的股票历史数据进行研究，并以日收益率和股价标准差作为特征指标，研究结果表明，投资者的情绪会对市场的投资热情产生影响并进一步影响到其本身的投资收益率。曾劲松发现运用技术分析可以在我国股票市场获得较高的超额收益，他也认为我国股票市场未达到弱有效。陈江鹏对新浪股吧 2012 年全年的股评信息进行数据挖掘，将其作为研究数据，利用多因子模型针对我国股票市场的有效性进行验证，发现股市收益率与网络舆论存在一定的相关性，利用网络舆论信息可以对股市进行预测，股市存在可预测性。

股票择时操作发展多年，择时的目标十分直接，就是预测股价的走势变化，及时进行买卖交易，从而获得更高的收益。股票择时是量化择时最重要的部分之一，得益于股票投资的需要，近年来在我国发展快速。

数据挖掘等技术的快速发展，为研究股市预测提供了更强大的技术支撑。曲文龙、樊广佺、杨炳儒等运用数据处理平台对股价数据进行系统的收集、整理分析，将其作为输入变量，之后引入嵌套的概念，降低了模型处理数据的复杂性，建立的模型可以较为高效准确地进行择时判断。李青和王铁军等整理了市场中投资者的情绪，并将情绪分为等级进行量化，从投资热情、舆论传播及个人性格等几个方面进行指标的提炼，并以此建立了网络舆情择时模型，该模型取得了不错的预测效果。在我国，人们对股票市场的非线性及可预测的认知随着技术的进步变得更加普遍，这对更多的研究者、从业者或者资金进入择时领域有很大的推动作用。

特征指标选取是否得当是择时模型能否获得较高收益的关键，差异的特征指标不但将不同模型的特点区别开来，也使得择时模型可以更加多样，改进的空间很大。特征指标的选取数量十分有讲究，首先个数不宜过少，保证所选取的特征指标足够多，从而获得高的预测准确率；同时，特征指标的个数不宜过多，否则会大大增加无谓的计算工作，也会导致择时效果变差。

对于中国股市，学者们已经开发并运用了不同的特征进行研究，取得了较多的成果。张玉川和张作泉通过对需要预测的前几天的历史数据进行简单的整理分析，选取了较为简单、数量较少的指标对股价进行预测，发现模型不但运算速度快，还保证了一定的预测准确率。李云飞和惠晓峰使用数据挖掘技术，对某公司的财务状况数据进行分析，得出了适合长期择时策略的模型指标，不但获得该公司股票较好的择时分类结果，而且长期稳定性较好。张登明则将简单的股票数据进行进一步的计算，得出了具有更多代表意义的股票技术指标，并将它们作为预测股价的特征输入，发现技术指标不但可以减少模型中的计算维度，还可以提高择时精度。但是，技术指标的选择通常是随机和盲目的。他提出的改进措施是对技术指标进行分组。邹振华利用数据挖掘技术，对网络财务信息进行统计分析，将在网上获取到的数据信息作为特征指标，同时在输入模型之前将这些特征指标进行选取及组合，形成组合指标，建立股价预测模型。

在择时的特征指标研究中，我们可以发现基础数据、技术指标数据、时间序列数据和网络舆情数据等方面的特征指标不断涌现。同时，总结已有的研究可以发现，许多研究在特征指标的选择上存在盲目性和随意性，缺乏充分的说明依据。

王波和张凤玲使用两种不同的模型分别对我国的股票市场进行股票价

格预测，其研究理念在于通过相同的实验数据，观察到底哪类模型更适合对我国的股票市场进行分析和预测。一定的实证研究表明，神经网络模型相较于 ARIMA 模型有更高的准确率，从而也看出神经网络在股票研究领域的发展潜力是巨大的。台文志运用马尔可夫链数学模型对股票价格进行预测，将马尔可夫链的理念应用到股票领域的研究并不多，这也给其他股票研究者提供了不同的研究视角。赵国顺的研究理念在于找到多种应用于股票价格预测领域的算法和模型，并对其进行详细的说明，除了基本的股票指标介绍以外，对于较为先进的 GARCH 等现代模型也有所涉及。刘丽等探讨了 Wrapper 式特征算法和传统的 Filter 式特征算法哪个更适用于股票择时研究，研究数据由 23 个技术指标构成，特征算法的核心理念在于选择最优特征子集的方式，不同的算法对应着不同的投票法则，因而最后挑选出的最优特征也不相同。李玉梅的研究具有新思路，研究数据是股票论坛的评论，创新点在于提出了一种新算法，可以将股票论坛评论中的垃圾信息筛选掉并保留对实证分析实际有效的评论数据。

在实证研究方面，应用了目前较为广泛使用的支持向量机和传统的 N-Gram 方法。

增量学习的基础是将训练集的样本和支持向量机的等价性运用于算法之中，这最早是萧嵘在进行理财产品的增量训练时得到的。

支持向量机的参数优化是一项烦琐的工作，参数优化的优劣往往是模型能否高效准确以及策略能否提高收益的关键。

奉国和等分解了加权回归支持向量机，将不同的惩罚参数分配给不同的支持向量机，结果表明参数的优劣大大影响了算法运算的效率。冯振华发现参数的优化可以有效降低数据分析中噪声点的出现，使得数据处理更为顺利，避免无关和极端的数据点影响整个模型的运算结果，同时也使得模型的适用性更好。隋学深在对时间序列进行预测时，利用其数据特征值

对参数进行优化, 取得了较好的预测精度。

　　一般来说, 支持向量机涉及多种参数, 但还没有形成一个非常完善的参数优化系统。除了现有参数的优化方法外, 研究人员有时还需要根据经验建立一些特定问题的参数。王彦峰等在模型特征输入选取时灵活地调整了指标计算时的时间参数, 这种依据不同研究对象灵活调整指标计算的模型很好地提升了择时准确度。阎纲在研究中进行了简单的横向对比, 选取相同的研究对象, 并将 SVM 与其他机器学习算法进行择时分类精度的对比, 认为 SVM 的分类效果更好。黄朋朋选取了 5 只个股作为实证对象, 并将支持向量机中的参数做了简单优化, 同时将开盘价、成交量等股票基本数据作为 SVM 的输入, 实验证明简单的 SVM 择时模型也可以获得较优效果。徐国祥利用主成分分析法对沪深 300 指数的相关数据进行优化提取, 获得了一批高质量的特征指标作为后续模型的输入, 并利用 GA 算法对 SV 的参数进行优化, 模型择时获得了较好的收益。支持向量机在金融投资领域从来就不缺乏关注, 如何将其与时下更先进的算法结合, 提高其运算的准确性是我们应该研究的方向。

　　由于有较为完善的特征工程算法, 支持向量机体现出了更高的模型准确率, 该信息筛选算法是增进支持向量机性能的关键因素。郑献卫和张贺的创新点在于提出了一种新型的混合模型, 将自回归移动算法和 SVR 模型相融合, 对于该混合模型, 如何选择权重方式是关键因素, 该文巧妙地采用了模糊算法, 构建了一种能胜任股票择时任务的新型混合模型。实证研究方面, 该文采用的是仿真结果的方式, 证明该混合模型预测效果良好。胡照跃和白艳萍的研究内容是构建模型对苏宁云商股票的价格进行预测, 模型构建理念是使用 PCA 算法对 GA-BP 模型进行特征工程处理, 目的在于降低原始数据维度并具有更好的表征能力, 从而提高原始模型的运算速度和模型准确率。近年来, 随着计算机在运算能力、数据存储等方面的快

速发展，由卷积神经网络（CNN）和循环神经网络（RNN）相结合的混合CNN-RNN 模型受到了越来越多的关注。刘书朋等是最早对该理念进行具体研究的学者之一，其研究领域是图像序列数据。CNN 主要应用于图像领域，而 RNN 主要应用于时间序列，将二者优势相融合所构建的混合模型进一步强化了表征能力，取得了良好效果。王丽亚等也发现了如果单独使用 CNN 网络只适用于处理图像数据而不能很好地利用时间序列数据，而如果单独使用 RNN 网络会出现长时依赖的情况，所以将二者融合构建了CNN-BiLSTM 混合模型，研究领域是文本分析。翁建新等发现了目前卷积神经网络的局限性，无法进一步提高识别数据的能力。为了突破模型自身的限制，他们将 CNN 与 RNN 的变体 LSTM 相融合，提出了 CNN-LSTM 混合模型。由于 CNN 具备处理图像数据的能力，而 LSTM 具备处理时间序列数据的能力，融合了二者优势的混合模型在数据识别方面具有极高的准确率。陈德鑫等研究了医疗方面的文本识别，由于该文将医疗实体任务看作是时间序列数据，这就需要融合 BiLSTM 模型来进一步提高 CNN 模型性能，基于此思想，该文构建了 CNN-BiLSTM 混合模型，在文本识别方面具有不错的准确率。

1.2.2 国外研究现状

弗朗西斯（Francis）等使用机器学习技术，将选取好的合适数量且具有代表性的时间序列指标作为模型的输入变量，获得了不错的择时收益。拉菲恩·塔瓦瓮（Suraphan Thawornwong）、大卫·恩克（David Enke）对投资者的金融资产进行分析，整合出 15 个具有代表性的金融特征指标，将它们作为人工神经网络的输入变量进行建模，研究结果表明，这 15 个金融指标的择优效果良好，模型的运算效率也较高。

鲍威尔（Powell）等将无监督分类技术（如 k 均值聚类）和有监督学

习算法（如支持向量机）进行了比较，实验数据为从标准普尔500指数中获取的股票数据，并按每周收盘价的上升或下降进行分类，研究目的是确定预测股价趋势的最佳方法。易卜拉欣普尔（Ebrahimpour）等将三种神经网络组合方法和基于自适应网络的模糊推理系统应用于证券交易所的趋势预测。常（Chang）等通过改进部分连接神经网络（EPCNN）提出了一个新模型，以技术指标为输入来预测股票价格趋势。马谢尔（Maciel）等提出一种针对股票市场收益预测的模糊GARCH建模方法，这种混合方法旨在解决GARCH方法带来的波动性，以及模糊系统中的波动性聚类和非线性时间序列识别。贾亚瓦德纳（Jayawardena）等使用平方收益、同一资产开市前波动率以及其他市场的相关资产波动率来预测股票波动率。瓦拉瓦尼斯（Valavanis）等研究了企业社会责任（CSR）在预测公司股价和未来回报中的作用，预测结果表明CSR绩效与公司股价之间呈负相关关系。近年来，CNN-RNN模型在国外研究中发展迅速，在诸多领域被广泛运用。石（Shi）等提出了一种长期运动表示器，称为顺序深度轨迹表示器（sDTD），具体来说就是将密集的轨迹投影到二维平面中，然后使用CNN-RNN网络来学习长期运动的有效表示。伊利亚（Ilia）等为了促进新型和高级化学系统的开发，提出了基于卷积和循环神经网络的混合模型，加强了对数据的特征表示能力，在没有人为指定规则的情况下，在测试数据集上的分类性能接近人类级别。瓦哥（Varg）提出了一种新颖的视频质量评估算法，通过卷积神经网络对由视频数据组成的序列进行特征提取，最后通过长短期记忆网络对质量得分进行预测。弗拉基米尔·万普尼克（Vladimir Vapnik）提出了一种统计学习方法，即支持向量机（support vector machine），该方法在趋势追踪及样本分类上表现优异。同时，这种算法可以认为是对神经网络算法进行了一定程度的改进。奥苏纳（Osuna）等人对经典支持向量机算法进行改进，得出了Osuna算法。在一些领域的

使用中，Osuna 算法效率更高。约阿希姆斯（Joachims）在前人研究成果上，为了将模型进行"减重"，提升训练计算的速度，研发了名为 SVMlight 的算法。普拉特（Platt）等学者则在此基础上，对算法中非核心的部分如数值优化进行简化，只重视数值分析的部分，得到了一种空间复杂度极低的支持向量机算法。广义支持向量机是由曼加萨里安（Mangasarian）与穆斯坎特（Musicant）在模式识别的应用中提出的，算法非常重视模式的识别和样本的分类，在一些领域表现十分出色。

1.3 主要贡献

1.3.1 在运用机器学习算法方面的主要贡献

近年来，随着计算机技术在运算能力、数据存储等方面的快速发展，传统股票投资方法的弊端被不断放大，新兴的量化投资方法受到人们的广泛关注，依赖计算机技术的机器学习算法被越来越广泛地应用于股票研究领域。在这方面，本书的主要贡献如下：

对萤火虫算法进行优化提出 MFA 算法。对萤火虫移动迭代过程中的步长以及继承权重进行优化，变成变化步长以及自适应权重，这将有效避免个体更新位置时跳过最优值，导致震荡，从而避免最优值发现率降低，影响算法的收敛精度和速度。利用萤火虫算法（FA）进行股票指标的选取优化。在文献调查中发现，特征指标不能过少，否则无法作为充分的解释变量；也不能过多，关系不大的或者无关的特征指标要减少，过多的特征指标会使得 VC 维（vapnik-chervonenkis dimension）过高，容易产生过拟合问题。另外，还需要得出指标的最优时间窗口，以提高择时准确率。对股票指标进行选择之后再作为择时模型的输入参数可以提高模型的择时

效果，进而增强指标选择并使用的科学性。最后，利用改进的 FA 优化 SVM 中惩罚参数 C 和核函数参数 g，可以将传统的 SVM 优化为权重支持向量机（WSVM），从而提高模型的分类效果。另外，样本在映射到高维空间后的复杂性会有效降低，可以避免分类时过拟合问题的发生。

1.3.2 在运用深度学习算法方面的主要贡献

深度学习算法在近些年来发展迅猛，它可以模拟人脑的思考方式进行自我学习，弥补了诸多传统模型的不足。在继承传统机器学习算法优点的基础上，深度学习算法更适用于处理大量、高速、多样的数据，而且不再依赖于复杂的特征工程技术来提高模型的准确率。近年来混合 CNN-RNN 模型发展迅猛，在医疗、图像识别、语音识别、文本挖掘等诸多领域应用广泛。但根据文献调研，混合 CNN-RNN 模型在股票择时研究方面的应用还很少，现阶段的股票研究大多还集中在机器学习模型和统计学模型的基础上。本书基于深度学习算法，构建出一种新颖的股票择时模型，并且对模型进行实证研究，证明其具有良好的择时能力和盈利能力。本书以沪深 300 点股票数据作为实验数据，构建了适用于股票择时研究的混合 CNN-RNN 模型，并且通过相关的实证研究，证明该模型具有良好的精准性和稳定性，是值得信赖的、有效的股票择时模型。在这方面，本书的主要贡献如下：

混合 CNN-RNN 模型是一个深度的七层网络模型，弥补了传统神经网络在网络层数方面的不足，突破了传统人工神经网络（ANN）的限制，从而提高了模型的准确率。根据股票数据的时序性特点，并充分考虑了数据本身的维度，创造性地使用了一维 CNN 来对股票数据进行特征的提取，从而增强了模型的特征表示能力。在构建混合模型中的 RNN 模块时，开创性地采用了两层 LSTM 加两层 GRU 的独特结构，充分结合了 LSTM 良好

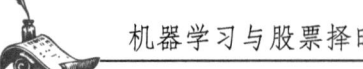

的数据表示能力和 GRU 易于收敛的性能，突破了传统 RNN 的限制，进一步提高了模型的性能。本书将 CNN 和 RNN 相混合的建模理念应用于股票择时领域，填补了混合 CNN–RNN 模型应用于该领域研究的空白，为今后的股票择时研究提供了新的思路。

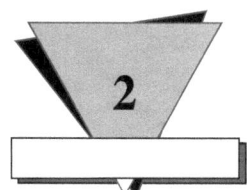

2

理论基础

2.1　量化择时

2.1.1　择时策略

量化择时的目标单一、指向明确，它不考虑如何选取股票或如何构建投资组合，在确定股票或投资组合之后，它只关注买入和卖出时间点的选择。甚至可以认为，择时策略可以用来预测任何资产的买入和卖出时间点。短期套利策略往往需要建立投资组合或在资产中加入其他资产来分担风险，是一种"低风险、低收益"的投资方式。但是量化择时控制风险的方法则不然，它是在模型中加入止损盈亏的算法来降低风险，在控制了风险的同时保证了择时高准确率，有些策略则会进一步增加风险控制模型来降低风险。

实质上，量化投资与传统投资的理论基础是一致的，即认为中国股市是弱有效的。如表 2.1 所示，传统定性投资更看重对上市公司的信息进行调研以及基金经理的从业经验，而量化投资则以数据为基础，秉持"定性思维的定量应用"的思想。

表 2.1　传统策略与量化策略

投资类型	股票择时	超额收益	风险控制
量化投资	利用数量化模型判断股票买卖点	数量评估的基本因子	提高模型预测准确性并设置止损盈亏
传统投资	研究市场，调研公司基本面，通过职业能力进行投资判断	基于市场趋势，更多依靠个人经验	分散投资，但缺乏系统监控，具有较高的风险

具体来说，量化择时是通过对历史数据的定量分析，挖掘出能够判断买卖点的关键信息，并通过历史数据预测未来价格走势，简单概括为"涨

买跌卖"。量化择时策略是一种高风险、高收益的策略。传统择时的缺陷明显。首先，其包含着从业人员大量的主观判断，很容易受到市场情绪的影响；其次，传统择时所依托的数据来源过少，缺乏指标及理性的支撑，对市场信息的反应速度过慢，择时效果并不理想。量化择时的出现克服了传统择时中的缺陷，大大提高了择时交易的收益。

2.1.2　策略类型

目前，在市场上应用或者被研究的量化择时策略种类及数量都较多，大致归纳为 8 类，下面简要介绍这 8 类择时策略。

（1）支持向量机分类择时。该策略是利用 SVM 分类特点对股票交易点进行分类，通过对历史数据的学习和训练，建立模型。该策略具有较高的预测精度和广适应度。除此之外，SVM 的参数设置的空间较大，可以使用许多新算法进行改进，研究空间较大。

（2）时变夏普率（Tsharp）择时。时变夏普率是指单位风险的超额收益，是一个综合体现收益与风险的指标。与夏普率不同，Tsharp 指标会根据时间的变化而改变，可以灵活地反映出市场周期的变化。研究发现，时变夏普率与股票市场周期呈相反的变化规律。该策略正是利用这一点，在股市周期变化中，把握出现的买卖时机，从而获得高收益。

（3）市场情绪择时。对市场中投资者情绪和整体投资氛围进行数据的量化，并整理出可以体现投资情绪的数据指标，作为择时模型的输入，从而进行股票交易时机的判断，这样的策略即为市场情绪择时。该策略利用了股市中投资者的从众心理，股市整体不乐观时往往是抄底的时机，但许多投资者恰恰清仓离场，这就给懂得市场情绪择时的投资者带来了超额的收益。

（4）SWARCH 择时。SWARCH 择时认为政府调控宏观经济将在很大

程度上影响股市，要求投资者可以充分感知国家的政策指引。

（5）Hurst 指数择时。在分形市场假说中，不同投资者的投资周期会大相径庭，市场上的信息会影响投资者的决策时机，从而使金融产品的变化呈现一定的规律，这就是 Hurst 指数择时的原理所在。而该策略正是利用 Hurst 指数判断股市的转折点，然后在相应的时机投资。

（6）牛熊线择时。牛熊线择时模型以股市价格中的牛线和熊线作为上下限，将股价与这两条线的关系作为择时的信号。在多数情况下，股价会徘徊在牛线和熊线之间，这时并不能作为择时的依据。但是当股价线走势为上并且突破牛线时，买入的信号出现，该信号表示价格会有继续上涨的势头，应该买入；当股价走势向下与熊线交叉时，卖出的信号出现，表示价格仍会继续下降，应该卖出。这就是牛熊线择时的主要方法，十分直观。

（7）异常指标择时。异常指标择时运用于较少数的股市情况下，例如不可抗事件的发生将会给股票市场带来意想不到的行情变化。这对投资者把握市场的动向要求极高，投资者需对股市中发生的异常数据进行分析，辨别其是否存在可延续性，从而做出投资策略。

（8）趋势择时。趋势择时是以技术分析作为支撑，虽然技术分析的有效性仍存在争议，但在实践中仍有应用。趋势择时认为价格的变化具有趋势性、延续性。在对股票基本信息数据进行进一步计算之后，将得到许多可以表示股票运行状态的技术指标，这些指标可以帮助投资者更好地发现股票的趋势走向，进而帮助他们找到交易的时机。

2.1.3 市场有效性理论

量化择时要求市场是弱式有效的，因为择时的基础即部分投资者可以比其他投资者更快地知道价格的变动，这就要求不同投资者获得部分信息

或数据的时间是有差别的。而一个完全有效市场则不符合这个条件，信息准确快速地传播使得所有投资者的信息资源都是对称的。然而，公司的股票价格最终会与其内在价值一致，因此大部分投资者无法稳定地获得高额收益。从长远的角度来看，这就要求股票的投资者能够判断一家公司的价值所在，并且选取高价值的好公司，长期持有它们的股票，例如股神巴菲特就一直持有可口可乐公司的股票。

国内外学者对中国股市有不同的看法，但基本观点是中国股市尚未处于强有效市场，即市场有效性偏弱。在中国，虽说在股改之后市场的有效性有所改观，但投资者和被委托代理者之间的许多问题仍然有待解决。毫无疑问，不同强弱的有效性市场会让投资者们改变他们的投资策略。例如，技术分析和基本分析可以在无效市场中发挥明显作用；在弱有效市场中，技术分析无效，基本分析有效；在半强有效市场和强有效市场中，技术分析和基本分析无效。公平公开的信息、强有力的监管制度可以提高市场的有效性，这要求投资者提高自身对市场变化的敏感程度并能快速做出判断决策。

除此之外，完全有效市场还要求投资者是一个完全的理性人，完全会按照理性的市场判断进行交易，投资者也可以从股票中挖掘出这一家公司背后的财务情况，但如此完美的有效市场是不存在的。投资者难免将个人的情绪、风险偏好以及经验主义带入到投资行为当中。换言之，每一个投资者的能力有差距，对于信息和数据的敏感程度不同，所以投资策略也会千差万别。因此，在普遍存在的非完全有效股票市场中，股票择时策略有着巨大的需求和实际的应用价值。

2.1.4　技术指标

本书除了将使用股票的基本数据作为择时模型的输入之外，还将选择

一些技术指标作为特征输入，以便有效提高择时的准确度。以下为股市投资者经常应用的 8 个技术指标及其使用方法。

（1）DMA。两个时间窗口不同的平均线构成了 DMA。

使用方法为：实线与虚线相交且势头向上，此时形成金叉，进行买入；若实线向下交叉虚线，则形成死叉，进行卖出。

其中，

$$DMA（10）= 10 \text{ 日股价平均值} - 50 \text{ 日股价平均值} \tag{2.1}$$

$$EMA（21）AMA = DMA/10 \tag{2.2}$$

式中，DMA 为实线；AMA 为虚线。

（2）平滑异同移动平均线（MACD）。该指标能去除平均线中的假信号，保持移动平均线的优点。

使用的方法为：当 DIF 与 DEA 为正数，且 DIF 向上突破 DEA 时，形成金叉，可做买入操作；反之，当前者向下突破后者时，形成死叉，应进行卖出操作。

其中，

$$DIF = EMA(9) - EMA(21) \tag{2.3}$$

式中，9 和 21 是该指标常用的时间窗口系数，

$$EMA（9）= \frac{2}{(9+1)} \times \text{今日收盘价} + 8/（9+1）\times \text{昨日 } EMA（9）$$

由上可知，EMA 的计算类似。

（3）相对强弱指标（RSI）。股市的强弱情况可以由 RSI 指标表示。若 $RSI \geq 50$，说明股市进入强式市场；若 $RSI < 50$，说明股市进入弱式市场。

使用的方法为：

当 $RSI < 20$ 时，短期线与长期线交叉，且呈上升趋势，形成金叉，进行买入；当 $RSI > 80$ 时，短期线呈下降趋势，且与长期线交叉，形成死叉，

则卖出。

RSI 常见的时间窗口参数为 5、9、14，其中，

$$RSI(9) = [A/(A + B) \times 100] \tag{2.4}$$

式中，A 表示股价涨幅；B 表示股价跌幅。

（4）能量潮指标（OBV）。股价的当前走势可以由该指标表示，值得注意的是 OBV 与成交量相比，用途更加宽泛。其计算公式为：

$$今日 OBV = 昨日 OBV + Sgn \times 今日成交量 \tag{2.5}$$

Sgn 的值为 +1 或者 −1，这是由相邻两日的收盘价高低决定的，若第 i 天收盘价大于第 i−1 天收盘价，则其值为 +1，反之为 −1。

（5）随机指标（KDJ）。每一交易日股价的变动都包含在 KDJ 指标之中，该指标在实际投资中的应用性非常强。RSV 的计算公式：

$$N 日 RSV = [(C - L)/(H - L) \times 100] \tag{2.6}$$

K 的计算公式为：

$$K = 2/3 昨日 K 值 + 1/3 今日 RSV 值 \tag{2.7}$$

D 的计算公式为：

$$EMA(26)D 值 = 2/3 昨日 D 值 + 1/3 今日 K 值 \tag{2.8}$$

通过 D 和 K 的计算，得到 J 的计算公式：

$$J = 3D - 2K = D + 2(D - K) \tag{2.9}$$

（6）人气指标（BRAR）。AR 和 BR 共同构成了人气指标，前者代表人气型指标，后者代表意愿型指标。AR 代表着股市的买卖人气，其值越大，代表股市越火热。其计算公式为：

$$N 日 AR = (N 日内(H - O) 之和 /N 日内(O - L) 之和) \times 100 \tag{2.10}$$

式中，O 代表开盘价；L 代表今天的最低价；H 代表今天的最高价；时间窗口系数 N 一般定为 26。

BR 代表股市中投资者的买卖意愿大小，其值越大，代表投资者交易热情越高涨。其计算公式为：

$$BR = \frac{\sum_{i=1}^{N}(N-CY)}{\sum_{i=1}^{N}(CY-L)} \qquad (2.11)$$

（7）顺势指标（CCI）。用以判断股价是否在合理区间范围内的指标为 CCI 指标，它是超买超卖指标之一，其上下限分别为 100 和 -100。其计算公式为：

$$CCI = （当日收盘价 - 10 日均线 /10 日平均波动值） \qquad (2.12)$$

（8）布林线指标（$BOLL$）。三条轨道线构成了通道指标。三条线分别为股价平均线、支撑线和压力线。在通道中，股票价格线会发生改变。若压力线使得通道变窄，将会让价格产生剧烈的变化；假如股价线向上或向下穿越了通道，则支撑线会让股价线返回通道内。

模型输入指标选择的技术主要有三种，即过滤技术、组合技术和嵌入式技术。

过滤技术通过计算所有指标的特征相关度得分，去除低得分的指标，以此来降低指标的冗余度。然后，将剩余得分高的特征指标作为分类算法的输入。过滤技术依赖于数据集中指标的一般特征，将与任何分类算法无关的特征指标去除。

当过滤技术独立于 SVM 分类算法执行时，组合技术就可以利用分类算法作为最优特征子集搜索的一部分。最优特征子集的搜索是通过一个可以看作是黑盒的搜索算法来完成的，而这个最优特征子集的搜索过程是围绕分类模型进行的。嵌入式技术是将最优特征子集的搜索过程放在 SVM 分类算法当中，即由分类器构建最优特征子集。

综上所述，过滤技术主要依赖于数据前期的独立处理，而组合选择和嵌入式指标选择都是和特定的分类算法相关联的。本书主要采用的特征指标选择技术为过滤技术，将择时模型所需要的股票指标独立于分类算法挑选出来，再作为模型输入。

在这项研究中，我们基本上使用了过滤和包装的方法。在快速滤波后，采用分类方法对不同滤波技术选择的不同特征子集的方法进行性能评估。一旦我们既有精度又有子集，就执行简单的投票方案以获得最终的最优特征子集。

2.2　支持向量机

支持向量机算法弥补了传统神经网络学习算法的多项不足，在模型复杂度和学习能力之间达到了较优的平衡，其在解决模式识别和回归问题时，性能优越。下面是对支持向量机理论的总结和本书对其的研究。

（1）机器学习。将历史发生的数据或现象作为学习训练的材料和工具，可以从中发现并总结规律，规律可以帮助我们判断之后大概率会发生的事件。使用机器模拟人类学习历史、预测未来的过程称为机器学习，如图 2.1 所示。

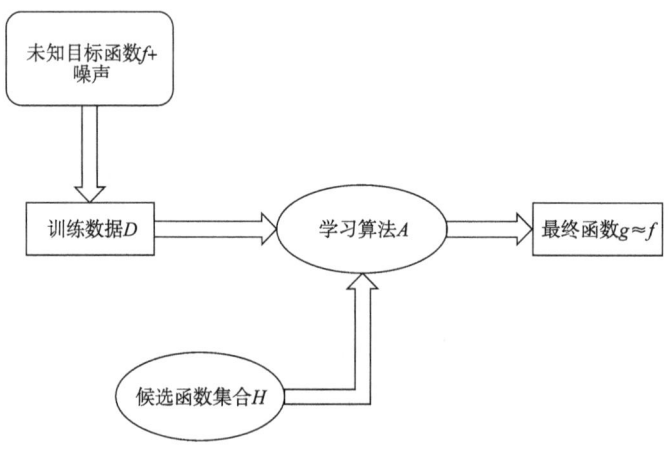

图 2.1　机器学习的基本模型

图 2.1 所示的就是机器学习模型的一个简单示例，机器学习的目标就

是不断地自我学习训练，找到可以将训练数据 D 与对应变量最完美接近的最优函数 f。之后，再将新的数据变量放入最优函数中就可以自动得到新的准确结果。

（2）统计学习理论。支持向量机的发展离不开统计学习的推动作用。机器学习中的误差被分为经验风险和期望风险，这样更好地解决了传统机器学习中存在的缺陷，产生了一种新的学习方法。

以往在面对数量较少的训练集时，在机器学习开始训练之前会先凭借研究者的经验来确定最小风险，再进一步确定模型。由于随机性和主观性较大，该方案确定的模型在实际应用中缺乏泛化能力，对于之后面对其他样本或大样本时没有应用价值。统计学习理论强调结构风险最小化原则，如图 2.2 所示。

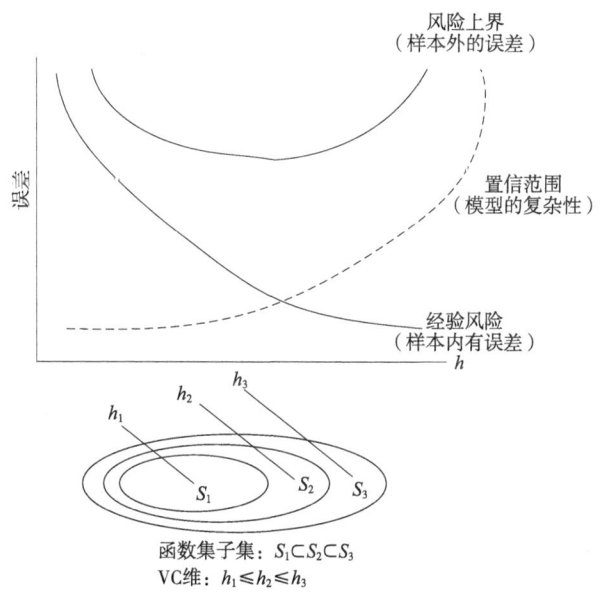

图 2.2　结构风险最小化

从图 2.2 可以看出这是一个环状包围结构。外环的特征建立都是在其内环的基础之上的，越外环的特征转换需要涵盖越多的内环特征。另外，

特征指标个数越多，模型训练的有效性越高，之后预测判断的准确度也随之提高了。机器学习在训练中依靠的是训练集数据，测试集中的数据也许会有些偏差，可能会发生过拟合现象，导致模型测试的时候效果变差。因此，在择时模型的训练建立时，必须同时考虑其复杂程度和在其他对象上的泛化能力，在这两者之间达到平衡。

2.2.1 线性支持向量机

在支持向量机线性可分性的情况下，每一类样本都可以被超平面完全分离。如图 2.3 所示，超平面两侧只有两种样本情况，两类样本可以被超平面完全分离。

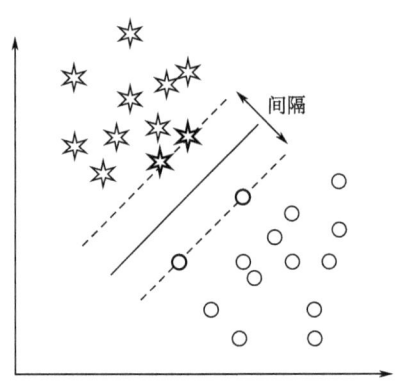

图 2.3 最优分类超平面

在具体的算法层次上，通过加入拉格朗日函数，简化了原复杂优化问题。之后，为了进一步简化，又做了一个对偶变换，实际上解决了下面公式的二次规划问题。

$$
\begin{cases}
\max \sum_{i=1}^{N} \alpha_i - \dfrac{1}{2} \sum_{i=1}^{N} \sum_{j=1}^{N} \alpha_i \alpha_j y_i y_j \Phi(x_i)^{\mathrm{T}} \Phi(x_j) \\
\mathrm{s.t.} \quad 0 \leqslant \alpha_i \leqslant C, \ i = 1, \cdots, N \\
\sum_{i=1}^{N} \alpha_i y_i = 0
\end{cases}
\tag{2.13}
$$

2.2.2 非线性支持向量机

用线性支持向量机求解的问题要求样本数据是线性的或近似线性的，并且可以分离。而股票数据是非线性的，其精度高，需要构造一个复杂的超平面来求解，因此用线性方法求解很困难。通过特征变换在高维空间中对样本的数据进行处理，同时在高维空间中形成分类的超平面，这样可以有效地将样本进行分类，这就是非线性支持向量机的工作原理。

引入映射 $\Phi: R^d \rightarrow H$，将数据从原始空间 R^d 映射到高维空间，原空间的数据 $\{(x_i, y_i), i = 1, \cdots, N\}$ 转化为 $\{(\Phi(x_i), y_i), i = 1, \cdots, N\}$，将这些数据进行与线性情况同样的计算，最终对式（2.14）求解。

$$\begin{cases} \min \dfrac{1}{2} \sum_{i=1}^{N} \sum_{j=1}^{N} \alpha_i \alpha_j y_i y_j \Phi(x_i)^{\mathrm{T}} \Phi(x_j) - \sum_{i=1}^{N} d_i \\ \text{s.t.} \quad 0 \leqslant \alpha_i \leqslant C, \ i = 1, \cdots, N \\ \sum_{i=1}^{N} \alpha_i y_i = 0 \end{cases} \tag{2.14}$$

式中，x_i、x_j 表示样本中的不同数据点。

最终求解得到的判决函数为：

$$f(x) = \omega^{\mathrm{T}} \Phi(x) + b = \sum_{i=1}^{N} \alpha_i y_i \Phi(x_i)^{\mathrm{T}} \Phi(x) + b \tag{2.15}$$

上述方法中还有难点存在，即如何降低大量样本数据在高维空间中庞大的计算量。SVM 中的核函数可以很好地解决这一难题，卷积核函数的公式如下：

$$K: (R^n, R^n) \rightarrow R, \ K(x, y) = \Phi(x)^{\mathrm{T}} \Phi(y) \tag{2.16}$$

不同样本点间的广义距离可以利用函数 $K(x_i, x_j)$ 进行解决。该方法的优点显著，我们无需在高维空间中计算函数 K，也不用了解映射函数的具体公式，减少了计算上的工作量。

2.3 深度学习和神经网络

初次听说深度学习的研究者可能觉得它很复杂，但深度学习的基础思想其实并不高深，仅仅依靠结构简单的神经元就可以描述复杂的数据特征。但由于深度学习存在明显缺陷，即提高网络层数就会让数据计算量成指数倍增加，再加之其他先进算法的冲击，深度学习的发展并不是一帆风顺的。经历过起起伏伏的发展之后，深度学习终于通过辛顿（Hinton）和本吉奥（Bengio）的研究成为广为人知的新科技，开始广泛应用于诸多领域。就目前而言，深度学习共有三次较大的飞跃：第一次是 1940 年到 1960 年左右，深度学习的理念首次进入人们的视野中；第二次是 1980 年到 1990 年左右，联结主义是这一阶段的主要特点；第三次是 2006 年至今，深度学习经历了高速的发展并且发展潜力巨大。深度学习在不同时代和不同领域更换了不同名称，反映了当时研究人员的观点和理解，但早期研究仍具有重要意义，如联结主义潮流中的反向传播和长短期记忆网络，在当前学习和建模任务中仍得到广泛应用。

深度学习的理念起源于神经网络的研究，从某种意义上来说，如果我们增加多层感知机的隐藏层层数，就可以把它理解为一种深度学习的架构。神经网络是深度学习的基础，可以说如果不深入了解神经网络，就不可能真正理解深度学习。

图 2.4 展示的是一个常见的神经网络模型。神经网络的训练步骤主要包括两个阶段。一是前向传播阶段。该阶段将样本输入到神经网络中，通过权值、偏置量和激活函数的公式计算获得相应的输出。二是反向传播阶段。该阶段根据比较预测值和真实值的差异，在训练的过程中不断调整神经元的权值，以便将损失函数降低到最低值。这种算法也称"反向传播算法"。

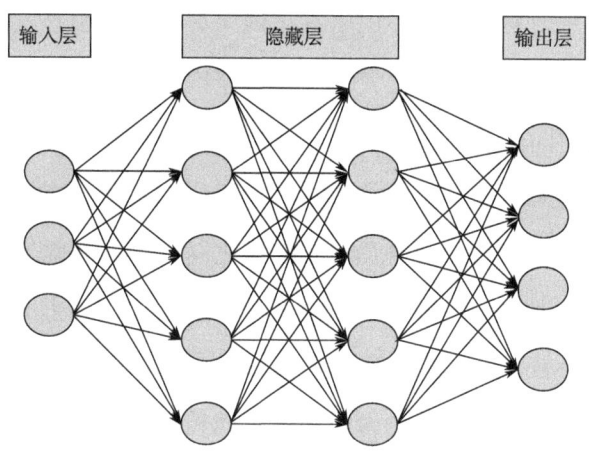

图 2.4 神经网络图

反向传播算法是深度学习中必不可少的一个环节，具体过程如下所示：在选定一个初始值（x，y）的情况下进行分析，既然叫作反向传播算法，顾名思义首先需要正向传播，在此过程之中，$h_{w,b}(x)$ 的所有输出值都会被计算并记录下来。然后，我们将引出残差值这个概念，假设第 l 层的某个节点为 i，此时就会出现节点 i 的残差值 $\delta_i^{(l)}$，残差值通俗来讲就是计算出的数值和真实的数值之间的差值。最后一层的节点是比较特殊的，其残差值无须复杂的计算，直接就可以得出，这个残差值定义为 $\delta_i^{n_l}$，其中 n_l 表示层数且为输出层。

提到传统的神经网络模型，很多人可能下意识地认为这是一种落后的、已经被淘汰的网络模型，相较于目前很火的深度学习模型来说，传统的神经网络模型的局限性大且准确率低。但不得不承认的是，虽然两个模型在性能方面有如此大的差异，但二者也有不少的相似之处。具体来说，二者都采用了网络分层结构，数据由输入层进入，在其中多层网络下不断训练，最后经输出层输出。一般来讲，模型之中只有相近的模块之间有链接，虽然最近的一些深度模型突破了该限制。这种由三种不同类别的层级所构建的网络模型，和我们大脑的网络结构是十分类似的。

既然深度学习和传统神经网络有相同之处，那么为什么二者在准确率和模型性能方面相差会如此之大呢？根本原因在于二者的训练机制。具体来说，二者在前向传播的过程中可以近似理解为是相同的，但传统的神经网络的训练机制采取的是反向传播算法，通俗来讲就是在设定初始值的基础上，通过观察输出的预测值和真实标签之间的差距来调整权重，经过不断地迭代重复该过程，持续缩小预测值和真实值之间的差异，直到最后的差值维持在一个较低的水平，即认定为收敛。而深度学习算法的训练机制和传统神经网络是不同的，先说明一下反向传播算法的局限性，如果对于一个深度的七层网络来说，使用反向传播算法进行训练可能会使最后一层残差项接近于 0，从而导致训练失败。而深度学习模型往往是这种多层的网络结果，自然反向传播算法并不适用于深度学习，深度学习采用的是一种分层的训练机制。

深度学习训练过程具体如下。

第一步：从网络层的底部向顶部学习的过程，整个过程是无监督的学习过程。这里解释一下什么叫无监督学习过程。既然有无监督，势必存在有监督。有监督学习过程指的是在训练时给出输入数据的训练标签，也就是让输入数据不断向标签数据学习和收敛；而无监督学习过程就是指只给出训练数据而没有训练标签，这样网络模型只能根据输入数据的自身特点来学习。该过程属于无监督学习过程，也就是使用无标签的数据进行学习并得出各个网络层的相关参数。通过学习得到的参数，保存下来同时作为下一层的输入。

第二步：从网络层的顶部向底部学习的过程，整个过程是有监督的学习过程。有监督的学习过程在上面已有所介绍，在此不再赘述。既然已经通过第一步得出各个网络层的相关参数，那么为什么还需要这一步的学习呢？原因在于模型所关注的重点应该是预测数据和真实的标签数据之间的

差值，而不是模型自身学习的效果。通过第一步得出相关参数，并进一步对模型参数进行微调，直到预测值不断接近标签数据。第一步学习过程更像是模型的自我学习过程，而第二步学习过程更像是给模型打分的过程，通过打分的高低不断查缺补漏，直到训练达到令人满意的效果。

2.3.1 卷积神经网络

卷积神经网络（CNN）其实就是在传统神经网络的基础上增加了卷积运算，目前在图像识别、人脸识别领域都有着不俗的表现。传统神经网络虽然早有人提出，但因为传统神经网络在诸多方面受到限制，一直没有得到人们的足够关注。直到 2012 年，克里热夫斯基（Krizhevsky）等凭借神经网络构建出的模型，将图片的分类准确率降低了 11%。自那次比赛之后，神经网络模型的发展如雨后春笋一般在市场上散播开来。以我们身边的事件为例，高校的门禁系统很多都设置为刷脸入校，这就是神经网络在人脸识别方面的成功实践；对着智能电视或者智能空调进行语音，就可以让电器执行我们的指令，这就是神经网络在语音识别方面的杰作。近年来，CNN 取得的显著成绩有目共睹，例如在人脸识别、移动支付等领域都取得了不错的成绩。

CNN 的核心所在是卷积层、池化层和全连接层，下面分别对这三种网络层进行简单介绍。卷积层的作用主要是对输入数据进行卷积运算，为接下来池化层的运算进行预先的处理；池化层是比较重要的一个层级，在该层中将之前卷积运算的数据进行进一步的特征提取，不仅降低了数据的维度，还提高了数据的特征表示能力，最终降低网络复杂度并提高网络计算效率；全连接层的出现将 CNN 网络真正变成了一个分类器，因为卷积层和池化层的作用在于改变输入数据的维度，但由池化层输出的数据无法直接进行分类判断，而全连接层则将池化层的输出映射到另一个空间之上，

让网络模型具备了分类能力。

卷积神经网络主要是依靠卷积运算实现的，我们可以从以下两个方面去认识卷积过程。

首先，从函数的角度去认识。令卷积核矩阵的值作为权重 w，处理的图像应该是一个二维矩阵，将其拉伸成向量 x，由此可以推出卷积计算的表达式为 $y = w'x + b$，即将 x 变换为 y，整个训练过程的本质可以看作是一种函数拟合的过程。

其次，从匹配的角度去认识。卷积运算可以看作是定义了某种匹配规则，在处理图像数据时，通过查看各个不同像素点的分配情况，按照匹配规则进行匹配，如果当前像素分布与匹配模式相近，则响应强烈。

下面来了解一个具体的卷积神经网络模型。LeNet 是当前比较流行的一种卷积神经网络，在诸多研究领域都有所涉及。该模型最早由杨立昆（Yann LeCun）提出，LeNet 模型的结构图如图 2.5 所示。LeNet 模型的构建理念并不是通过增加网络层数来提高准确率，相反它只加入了两层卷积层，但它在 mnist 手写数据集上的正确率高达 99.05%。由此可以看出，网络深度并不是影响准确率的必要因素，网络结果要根据输入数据的特点和维度进行相应的调整，才能最终达到良好的效果。

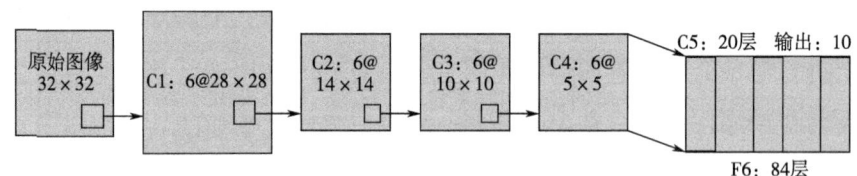

图 2.5　LeNet 结构图

2.3.2　循环神经网络

前面所介绍的传统神经网络和卷积神经网络已经能胜任大部分任务，

那为什么我们还需要进行循环神经网络的研究呢？原因在于传统 ANN 和 CNN 都有一个致命缺陷，即它们都忽略了各个数据元素之间的相关性。在处理元素之间相互独立的数据时，ANN 和 CNN 往往有不错的表现；但如果元素之间是非独立的，ANN 和 CNN 往往无法发挥出它们应有的性能。然而在现实世界中，数据的输入和输出往往是相互关联的，各个元素之间也是非独立的，比如股票价格随着时间的波动而波动、语音识别中上下句相关联等。正因为如此，循环神经网络应运而生，它的本质特征就在于拥有记忆能力。

RNN 令信息在网络中存在的方式就如同信息在人脑中存在的方式一样，图 2.6 展示了 RNN 的组织结构。其中模型里的各个模块通过 A 来表示，输入的数据信息通过 x_t 来表示，隐藏层中的状态通过 h_t 来表示。通常来讲，RNN 用来学习从输入 x_t 序列到隐藏状态 h_t 序列的非线性映射关系，而且 RNN 中的基本递归操作是通过递归单元实现的。通过将先前的隐藏状态 h_t 反复馈送到递归循环模块中，循环单元可以保持前后信息的长期存储。

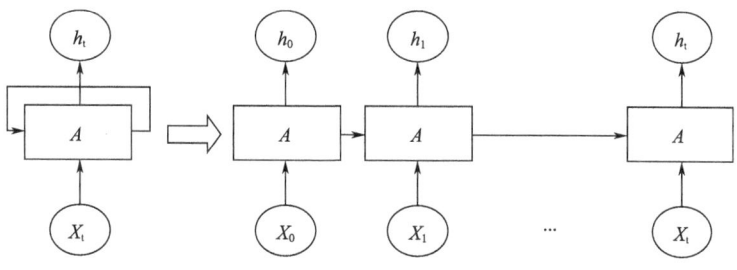

图 2.6　RNN 结构图

然而 RNN 有个致命的缺陷，即长期依赖问题。长期依赖是在描述一种现象，该现象是指数据当前的状态不仅仅和当前的环境状态相关，也与之前的环境状态有关，但是由于 RNN 独特的模型构造结构，始终无法解决这一难题。对于 RNN 来说，关键在于它是否能够将之前的信息链接到

当前的系统上。如果 RNN 能够成功实现这一目标，那么它可以在许多领域取得令人满意的效果。但是实际上，有许多导致训练失败的因素存在。我们以文本预测区域为例，当相关信息与当前预测情况之间的间隔越来越大时，RNN 变得越来越难以训练，甚至失去学习能力。研究者们希望 RNN 可以克服该缺陷，但实践证明，RNN 很难学习到时间间隔较长的信息。

2.3.2.1　长短时记忆网络（LSTM）

LSTM 可以看作是一种改进后的独特的循环神经网络，其构建理念在于突破传统 RNN 在长期依赖问题上的局限性。LSTM 已经取得了许多实质性的成果，它已经被广泛应用于文本分析、破产预测和市场情绪分析中。LSTM 因为其独特的组织结构，克服了长期依赖的问题，这与 LSTM 的构建理念相契合。由于 LSTM 是 RNN 的变体，它们在模型构建上的基本思路是相同的，LSTM 在继承 RNN 具有记忆能力的基础上，同时改进了传统 RNN 的网络模块，极大地提升了模型性能。

LSTM 具有重复模块的链式结构，用于学习时间序列数据的信息。单元状态是模型的关键所在，可以将单元状态比喻成一条传送带，直接贯穿整条链，在传递的过程中只有很小的线性相互作用，这使得信息可以轻松地保存下来。LSTM 网络具有三个重要的"门"，分别称为输入门、输出门和遗忘门。一个门通常由 Sigmoid 层和点乘组成，允许信息有选择地传递，它被当作多级特征选择器，用来增加或删除信息以更新单元状态。

信息在 LSTM 中传递的步骤如下所示。

（1）确定哪些信息通过遗忘门从细胞状态中删除掉。其中，模型中的输入表示为 h_{t-1}，x_t 和 C_{t-1}；模型中的输出为一个值域在 0 和 1 之间的小数。在每个时间 t，x_t 是当前时刻的输入，h_{t-1} 是最后时刻隐藏层的输出。在式（2.17）中，σ 代表 Sigmoid 激活函数，W_f 和 b_f 分别表示从输入门到

遗忘门的权重和偏差。

$$f_t = \sigma(W_f \cdot [C_{t-1}, h_{t-1}, x_t] + b_f) \qquad (2.17)$$

（2）确定哪些信息被添加到单元状态中。首先，输入门的 Sigmoid 层过滤 h_{t-1}，x_t 和 C_{t-1} 中的信息。在式（2.18）和式（2.19）中，i_t 表示输入门的输出，W_i 和 W_c 分别代表各自门控单元的权重，b_i 和 b_c 分别代表各自门控单元的偏差。

$$i_t = \sigma(W_i \cdot [C_{t-1}, h_{t-1}, x_t] + b_i) \qquad (2.18)$$

$$\tilde{C}_t = \tanh(W_c \cdot [h_{t-1}, x_t] + b_c) \qquad (2.19)$$

（3）更新旧的单元状态。首先将 f_t 与旧状态相乘，删除决定忘记的旧信息。然后添加 $i_t \times \tilde{C}_t$，增加决定记住的新信息。完成上述步骤后，我们基本上可以确保添加到单元状态的信息是重要的，而不是多余的。在式（2.20）中，C_t 代表当前时刻的单元状态。

$$C_6 = f_t \cdot C_{t-1} + i_t \cdot \tilde{C}_t \qquad (2.20)$$

（4）确保信息经过过滤才进行输出。第一步是通过 Sigmoid 激活函数来确定哪些状态信息需要导出，哪些状态信息不需要导出。第二步是通过 tanh 激活函数来确保输出值的值域在 -1 和 1 之间，并将该值与第一步通过 Sigmoid 激活函数导出的值做乘法处理，即 $C_t = f_t \times C_{t-1} + i_t \times \tilde{C}_t$。在式（2.21）和式（2.22）中，$O_t$ 和 h_t 分别表示输出层和隐藏层的输出，W_o 和 b_o 分别表示相对应的权重和偏差。

$$O_t = \sigma(W_O \cdot [C_t, h_{t-1}, x_t] + b_o) \qquad (2.21)$$

$$h_t = o_t \times \tanh(C_t) \qquad (2.22)$$

2.3.2.2　门控循环单元（GRU）

门控循环单元和长短时记忆网络都是 RNN 的特殊变体，那么 GRU 和 LSTM 之间有什么区别呢？区别在于 GRU 相比于 LSTM，网络模型的结构更加简洁，所需要的网络参数也更少一些。GRU 也是 RNN 的一种特种结构，

因此在处理时间序列数据上同样具有天然优势。GRU 结构如图 2.7 所示。

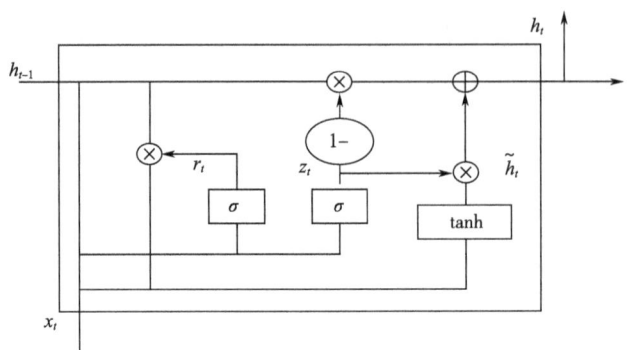

图 2.7　GRU 结构图

GRU 的设计理念和 LSTM 是一脉相承的，门控机制在模型构建中占据核心地位。GRU 的门控机制较 LSTM 更为简洁一些，主要由重置门和更新门组成。具体来说，重置门解释了为何 GRU 具备处理时间序列数据的能力，在重置门中会将之前的信息状态因素加入当前信息之中，从而提高模型性能；更新门主要是更新信息状态并将其记录和保存。GRU 和 LSTM 的主要区别如下所示：

第一，GRU 和 LSTM 由不同的门控结构所组成。

第二，对于部分的记忆信息，GRU 通常不会选择保留，而 LSTM 恰恰相反。

第三，对于更新信息状态并记录和保存，GRU 只需要更新门即可完成。

信息在 GRU 中传递的步骤如下所示。

（1）更新门 z_t 的计算是十分重要的，计算公式如下所示：

$$z_t = \sigma \left[W^{(z)} x_t + U^{(z)} h_{t-1} \right] \tag{2.23}$$

式中，参数 x_t 表示输入向量，从公式中可以看出进行了与权重 $w^{(z)}$ 相乘的

线性变换；参数 h_{t-1} 表示保存的时间信息，从公式中可以看出进行了与权重 $U^{(z)}$ 相乘的线性变换。

（2）重置门的主要任务是对不必要的信息进行筛选，只保留对模型训练实际有效的数据，计算公式如下所示：

$$r_t = \sigma\left[W^{(r)}x_t + U^{(r)}h_{t-1}\right] \tag{2.24}$$

式中，参数 x_t 和参数 h_{t-1} 分别表示输入向量和保存的时间信息，从公式中可以看出二者分别与权重 $w^{(r)}$ 和权重 $U^{(r)}$ 进行了相乘的线性变换。

（3）对于一些需要记忆的新的信息状态数据，重置门还具有存储这些信息状态数据的功能，具体的计算公式如下所示：

$$h_t' = \tanh(Wx_t + r_t \odot Uh_{t-1}) \tag{2.25}$$

式中，参数 x_t 和参数 h_{t-1} 分别表示输入向量和保存的时间信息，从公式中可以看出二者分别与矩阵 W 和矩阵 U 进行了相乘的线性变换；参数 r_t 表示重置门，并与 Uh_{t-1} 所计算出的相关数值进行相乘的线性变换。

此时重置门所计算出的矩阵比较特殊，是由 0 和 1 所组成的一种特殊向量，其作用是告诉网络模型哪些信息状态数据需要被舍弃，哪些信息状态数据需要被保留。

（4）在计算的最后一步，网络模型要对参数 h_t 进行计算。该参数在本过程中起到了重要的作用，网络模型需要该参数保留部分信息并将信息进行传递。不难发现，在本步骤中还应用了更新门，它决定了哪些信息需要进行更新，哪些信息不需要进行更新。这一过程可以表示为：

$$h_t = z_t \odot h_{t-1} + (1 - z_t) \odot h_t' \tag{2.26}$$

式中，参数 z_t 表示更新门，$z_t \odot h_{t-1}$ 表示之前网络模块所保留下来的数据信息状态，再加上当前网络模块所保留下来的信息状态，二者之和便是 GRU 最后的输出值。

2.3.3　激活函数

神经网络由神经元构成，通过接受上一层级的信息作为输入，经过网

络的运算和学习，其输出值又作为下一层级网络的输入。在上述所说的输入和输出之间，往往存在一种数学变换来更好地帮助神经网络学习，我们将这种变换称为激活函数。

那么输入和输出之间为什么要加入激活函数这种数学运算呢？试想一下，如果没有激活函数，网络模型中各个网络层之间的关系就只能是原始的线性关系，如此一来当模型处理复杂的非线性关系数据时，模型训练效果就会很差，这种没有激活函数的模型就是感知机了。可以说，激活函数加入到神经网络模型中，赋予了神经网络模型更大的潜能，尤其是在处理复杂的高维数据时，模型的性能被极大地提升了。

2.3.3.1　Sigmoid 函数

Sigmoid 函数是目前最火的三类激活函数之一，其余两类分别是 tanh 函数和 ReLU 函数。它的函数图像如图 2.8 所示，计算公式如下所示：

$$f(z) = \frac{1}{1 + e^{-z}} \tag{2.27}$$

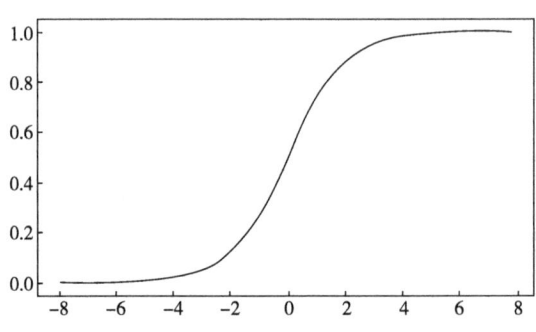

图 2.8　Sigmoid 函数图像

当我们在处理相差很大的数据时，比如黄金的价格要几万元，而大白菜的价格只要几块钱，这时 Sigmoid 凭借其独特的函数构造，可以将范围相差很大的数据转换为一个 0 到 1 之间的数值。然而在最近一些年，研究者在构建神经网络模型中越来越不愿意使用 Sigmoid 函数，究其原因在于

Sigmoid 函数存在一些致命的缺陷。随着神经网络的不断发展，深层网络被更多的人所关注，对于一个深层网络来说，如果使用 Sigmoid 函数构建模型，在通过反向传播算法进行训练的时候，梯度值往往会减小到接近于0，这无疑会导致模型训练的失败。但不可否认的一点是，Sigmoid 函数是非常经典的激活函数，在网络层数不多的情况下往往有不错的效果。

2.3.3.2 tanh 函数

第二类非常火的激活函数是 tanh 函数，它的函数图像如图 2.9 所示，计算公式如下所示：

$$\tanh(x) = \frac{e^x - e^{-x}}{e^x + e^{-x}} \tag{2.28}$$

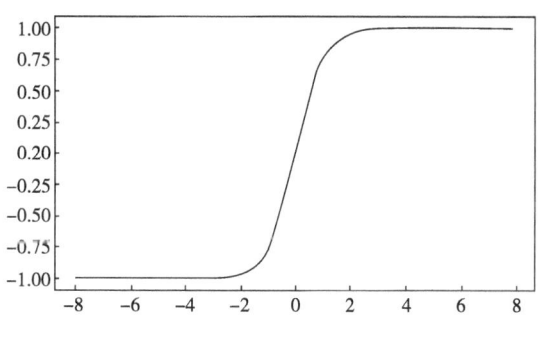

图 2.9 tanh 函数图像

tanh 函数不同于 Sigmoid 函数，原因在于 tanh 函数可以取值到−1，解决了梯度消失的问题，这也是 tanh 函数更能适应多层神经网络的原因。

2.3.3.3 ReLU 函数

ReLU 这种激活函数常用于处理复杂的非线性关系的高维数据，它的函数图像如图 2.10 所示，计算公式如下所示：

$$\text{relu}(x) = \max(0, x) \tag{2.29}$$

ReLU 函数的主要优点在于：

第一，ReLU 函数应用了 SGD 算法，大大提高了收敛速度。

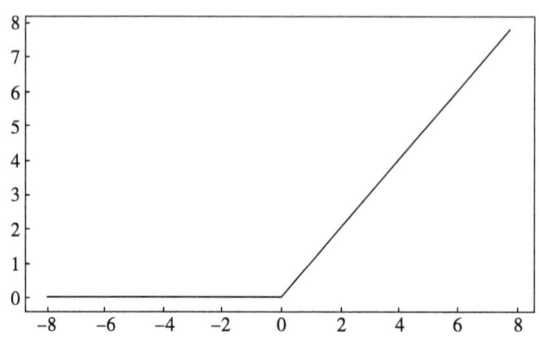

图 2.10　ReLU 函数图像

第二，降低了模型计算的复杂度。

第三，适用于后向传播。

ReLU 函数的主要缺陷在于：

第一，0 均值的函数输出被认为是理想的，但 ReLU 函数不是。

第二，神经元出现不训练的情况。在一定条件下，某些神经元很难被激活，从而导致神经网络无法训练。

第三，无法对数据进行幅度压缩。

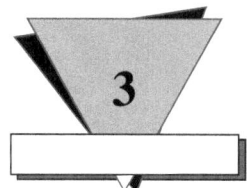

3

基于 SVM 的股票择时研究

在本章的模型构建中，首先会对该模型具体的择时策略做出详细计划，例如具体规定择时期限和预测目标。之后会对 FA 算法进行动态搜索的改进，为之后 SVM 提供新的算法进行参数寻优，从而建立 MFA-SVM 择时模型。

在研究 SVM 择时策略之前，需要总结一下目前比较流行的传统股票投资策略。

最简单也是可控性最低的就是买入持有策略，该策略即投资者买入股票之后简单地持有，股票短期内的涨跌即为投资者的收益，投资者并不会对股票进行过多的判断操作。

持续混合策略则要求投资者在不同的资本市场之间进行资金的转移，通俗地说就是将自己的资金放在最值钱的地方。若股市表现低迷，投资者就会把自己的资金转移到黄金市场或者期货市场；若股市重回利好，那么其他投资市场的资金又会重返股市。该策略适用于投资回报比较高的产品，否则投资者可能会因为往返移动资金不但错过了利润还要支付大量的手续费。

组合保险策略是一种严格管控风险的投资策略，投资者通过合理地配置资产，提前设置好股价下跌可能带来的资金流失，但设置一个下跌阈值，在阈值之上还有一个自己的缓冲地带。根据投资者的风险偏好设置一个系数，该系数与缓冲金的乘积即为可以投资股市的风险资金。该策略让投资者不仅可以保证合理的股票持有量，还有资金投资于其他市场。即便面临十分低迷的股市，该策略也能保证投资者的该部分资金余量在设置的阈值之上。

本书研究的择时模型将应用于股票的择时，与上述后两种投资方法不同，它们主要依靠将资金在不同市场之间的转移来获得收益，而股票择时策略则专注于投资股票，根据股价的涨跌来确定盈亏，这和简单的

买入持有策略相类似。但是股票择时会根据股票的数据表现、指标分析以及结合市场大盘及时改变自己的股票种类及数量。为更快地分析出本研究中的择时模型效果，在买卖股票的数量上，择时操作后会选择满仓或空仓。

3.1　模型构建原则

本研究中股票择时模型建立的详细流程如图 3.1 所示。

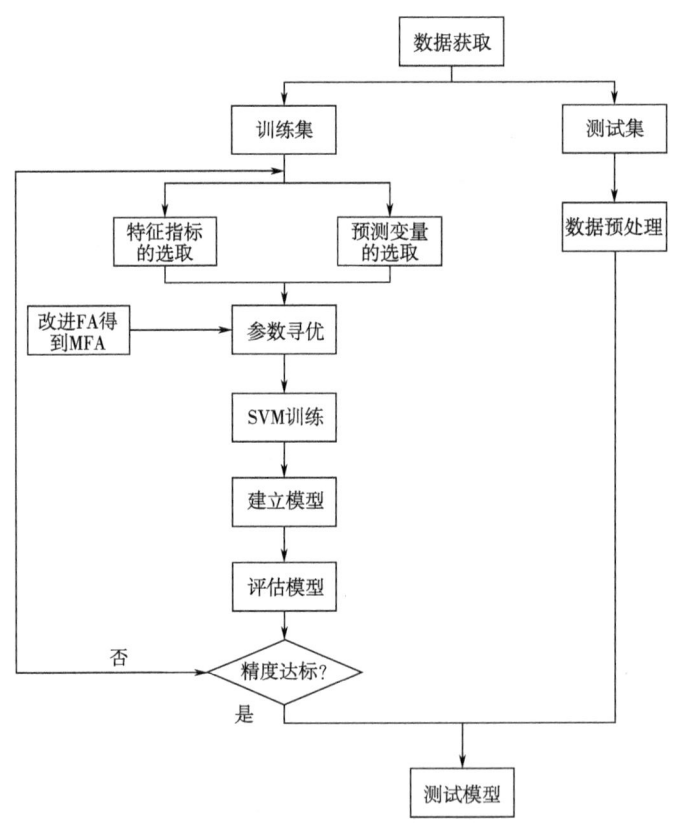

图 3.1　量化择时策略流程

3.1.1　数据获取

在数据采集阶段，主要任务是获得所需的历史数据。由于量化投资中输入指标到输出择时结果的过程是机器自我训练学习的结果，内部的函数对应关系并不为人所知，所以可以将量化投资的数据转换过程看成是黑箱操作。此外，由于数据的处理方法和使用往往依赖于数据的属性，因此模型的许多细节也往往被忽略。如果数据获取出现问题，该策略将无法运行。数据采集主要有三种来源，即原始数据、二次加工数据和从第三方处获得的数据。

3.1.2　数据拆分

机器学习需要有训练集和测试集两个数据集，前者用于模型的训练，后者用于检验模型择时的准确率。许多研究者通常先对数据进行预处理，然后对数据进行拆分，最终测试结果表面上会很好，但实际使用时的择时效果却比测试阶段要差许多，这是因为研究者先进行了数据预处理再进行拆分。所以，我们在获取数据之后应该先进行数据拆分。

3.1.3　数据预处理

使不同特征指标的维数达到一个相同维度是数据预处理的目的。最常用的方法有两种：一种是数据规范化，压缩数据，使其值在每个自变量的相同范围内；另一种是标准化，压缩数据，使数据之间的偏差值控制在一定的范围。本书采用数据规范化的方法，将数据的压缩范围设置在-1 到 1之间。对数据本身的压缩范围没有严格的规定，其值对后续计算影响不大。

3.1.4 特征指标与预测变量的选择

选择特征指标是否合适将影响模型的预测效果，即确定合适的输入向量；预测变量的选择是确定模型需要预测的内容，即输出结果。

3.1.5 参数寻优

参数的合理选择可以大幅提高择时模型的效率。首先我们应该确定使用什么算法对 SVM 进行参数优化。然后我们应该确定需要优化的 SVM 参数是哪几个。这两点都将在下文中阐述。目前参数优化的方法主要包括萤火虫算法、遗传算法和粒子群算法。确定寻优算法后，对选择好的 SVM 参数进行寻优，找到它们的最优值。

3.1.6 训练择时模型

在确定最优的参数值后，将其代入 SVM 中，之后将训练集中的输入特征与对应结果在择时模型中进行训练学习。

3.1.7 分析择时效果

根据投资收益评判指标和择时准确率指标来评估该模型的择时效果。如果模型的分类准确率较高且按此操作带来的收益较高，则该模型学习成功；如果分类准确率低或者择时投资收益差，则应该对之前的参数进行优化或进行择时策略。

3.1.8 测试模型

在测试模型阶段，利用测试集与训练集数据分布的差异来测试该择时模型的适应性。如果在测试集中模型择时的准确率和投资的收益都较高，

那么说明该择时模型建立成功，模型的适应性及准确率都较优。

3.2 模型构建

3.2.1 设定择时条件

3.2.1.1 预测期限

构建量化择时策略需要考虑的关键因素之一是预测期限。在高频交易中，择时模型预测的时间短到几毫秒之内，这要求模型的运算速度极快，计算机数据处理能力较强。然而，在一些长期投资策略中，择时模型的预测期限可能长达几年。目前，常见的基于支持向量机的择时模型的预测期限从一天到几个月不等。对于一个战略思路相同、预测期限较长的策略，它可能会预测出本月是下跌行情，所以只能进行做空操作。在相同的战略思维下，短期战略的交易机会大于长期战略的交易机会。同时，交易周期越短，可以出手的机会越多，较长期策略而言，不同时期的短期策略之间的差异将更大，这在波动性较大的市场中尤为明显。

本书中择时模型的预测期限为 1 天，利用分析之前几日的股票数据来判断之后一天是应该进行买入还是卖出操作。将预测期限定为 1 天主要有以下优点：首先，较低频率的交易可以让模型在参数寻优时降低负担，虽然降低了寻优的频次与速度，但是可以提高模型预测的准确性。其次，SVM 在过长预测期限的表现并不是十分出众，1 天的预测期限可以提高其样本分类的准确率。

3.2.1.2 预测目标

择时模型的预测目标十分直接清楚，那就是通过模型告诉投资者应该在这一日买入或是卖出或是继续持有该只股票。选择直接预测买卖还有两

个原因：一是因为 SVM 模型的分类效果好，预测股价对于 SVM 而言也许没有那么适用。二是即使模型给出了具体的股价，对于投资者而言还需要做一次思考，才能决定是否交易，不如直接让模型为使用者给出最后的交易决策。

本书选取的预测目标为对股价的涨跌进行预测并根据涨跌给出买卖操作的指引。选择预测买卖操作的优点如下：一是支持向量机算法最初是针对分类问题而设计的，对分类问题表现得更好；二是在短期预测中，涨跌定值主要集中在 0.5% 到 2.5% 之间，本书将涨跌设置为 1.85%。本书选择对下一日收盘价的涨跌进行预测，当次日的收盘价变化幅度在正负 1.85% 之间，记为 0；当次日的收盘价上涨大于 1.85%，记为+1；当次日的收盘价下跌大于 1.85%，记为−1。

3.2.1.3 投资范围

本章建立的择时模型将应用于我国股票市场中个股或者股指的研究。本章以平安银行（000001）、中信证券（600030）为个股分析对象，以中证 500 指数（000905）、创业板指数（399006）、沪深 300 指数（000300）为股指分析对象。选择它们的原因是这几只股票表现良好，诚信度高。同时，它们可以避免人为操纵和财务欺诈。

3.2.2 特征指标

特征指标过多会使算法的维数过高，计算量大幅增加，解决问题的效率会降低，另外也容易出现过拟合。我们用提取特征指标的方法避免上述现象发生。特征指标的提取是把特征指标所在的原始空间 R^n，借助特征指标的选择或组合，将维数降低到空间 R^d（$d < n$）。

本书在模型的输入变量上主要选择股票的基本数据和进一步计算得出的技术指标。本书选取的特征指标如表 3.1 所示。

表 3.1 本书选取的特征指标

指标	含义	指标	含义
ind_1	今日最高价	ind_{18}	BIAS
ind_2	今日最低价	ind_{19}	CCI
ind_3	今日开盘价	ind_{20}	EX PM A
ind_4	收盘价（$i=-1$，-2，-3，-4）	ind_{21}	KDJ（K，D，J）
ind_5	成交额（$i=-1$，-2，-3，4）	ind_{22}	MA（$n=6$，12，25）
ind_6	涨跌幅（$i=-1$，2，3，4）	ind_{23}	MACD
ind_7	成交量（$i=-1$）	ind_{24}	MTM
ind_8	均价（vwap）	ind_{25}	PSY
ind_9	近 5 日平均成交量	ind_{26}	ROC
ind_{10}	近 5 日平均成交额	ind_{27}	RSI
ind_{11}	近 5 日平均涨跌幅	ind_{28}	SAR
ind_{12}	ADTM	ind_{29}	SMI
ind_{13}	ADX	ind_{30}	SOBV
ind_{14}	ATR	ind_{31}	STD（$n=9$，18）
ind_{15}	AR	ind_{32}	VR
ind_{16}	BR	ind_{33}	WR
ind_{17}	BBI	ind_{34}	上证收盘指数（$i=-1$）

3.3 改进算法

3.3.1 萤火虫算法

萤火虫算法（firefly algorithm，FA）是根据萤火虫闪烁行为而来的启发式算法，萤火虫闪光可以认为是用一个信号来吸引其他萤火虫靠近。该算法是由剑桥大学教授杨新社提出的，其假设：无论性别，这样的萤火虫

都会吸引其他全部的萤火虫。吸引力与它们的亮度正相关。一定空间较不明亮的萤火虫都会被该空间内其他亮度更高的萤火虫所吸引。但是，随着距离的增加，亮度降低。如果没有接收到比给定的萤火虫更亮的萤火虫的信号，那么它将会随机移动。此外，萤火虫算法还有很多种，包括离散萤火虫算法、多目标萤火虫算法、拉格朗日萤火虫算法、混沌萤火虫算法等。萤火虫算法已经应用到几乎所有的科学和工程领域，如数字图像压缩和图像处理、特征值优化、特征提取和故障检测、天线设计、工程结构设计、调度和旅行商问题以及参数选择等领域。

这些空间点被认为是萤火虫。利用强发光萤火虫吸引弱发光萤火虫的特点，在弱萤火虫移动到强萤火虫的过程中，完成位置迭代，结束寻优过程。

萤火虫的相对荧光亮度可以用式（3.1）表示：

$$I = I_0 \, e^{-\gamma r_{ij}} \tag{3.1}$$

式中，I_0 代表最亮的萤火虫的亮度，它的亮度值由目标函数所决定；γ 表示光吸收系数，荧光会随着距离的增加和传播媒介的吸收而逐渐减弱，γ 就是用来体现此特性的，可设置为常数；r_{ij} 表示萤火虫 i 与 j 之间的距离。

相互吸引度 β：

$$\beta(r) = \beta_0 e^{-\gamma r_{ij}^2} \tag{3.2}$$

式中，β_0 表示最大吸引度，即光源处（$r = 0$）的吸引度。

最优目标迭代：

$$x_i(t + 1) = x_i(t) + \beta[x_j(t) - x_i(t)] + \alpha\left(\text{rand} - \frac{1}{2}\right) \tag{3.3}$$

式中，α 代表步长因子；x_i 与 x_j 表示 i，j 两个萤火虫的位置；rand 为随机因子，在区间 [0，1] 上服从均匀分布。

FA 的算法可以用图 3.2 的流程表示。

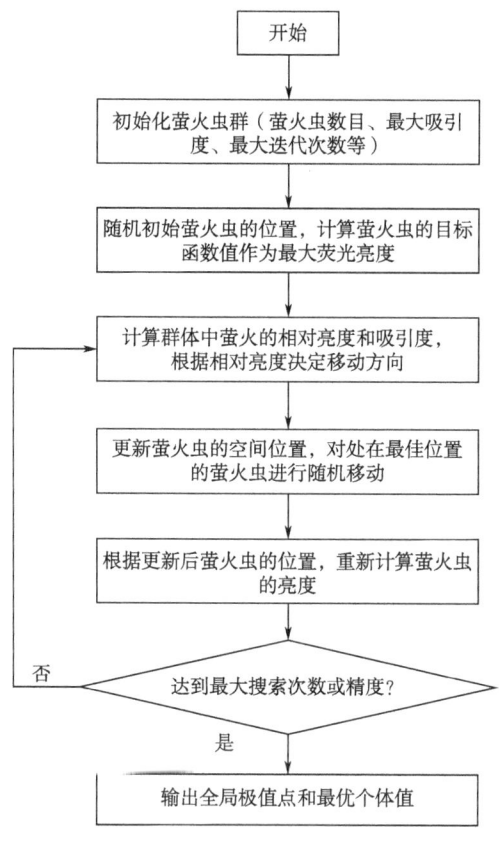

图 3.2　FA 算法流程图

3.3.2　改进萤火虫算法

在高维优化问题中，萤火虫算法存在着吸引力低的缺点，导致算法只能局部优化，后期迭代精度低。针对这一问题，本书提出了一种动态搜索萤火虫算法，引入最小吸引度来增强寻优前期个体之间的信息交流。同时，根据目标函数的最优值自适应调整步长进行动态搜索。

图 3.3 显示了不同间隔内所有个体的最终形状分布。实心点代表萤火虫个体，空心线圈代表四个峰点。一开始在搜索空间中，个体处于分散状

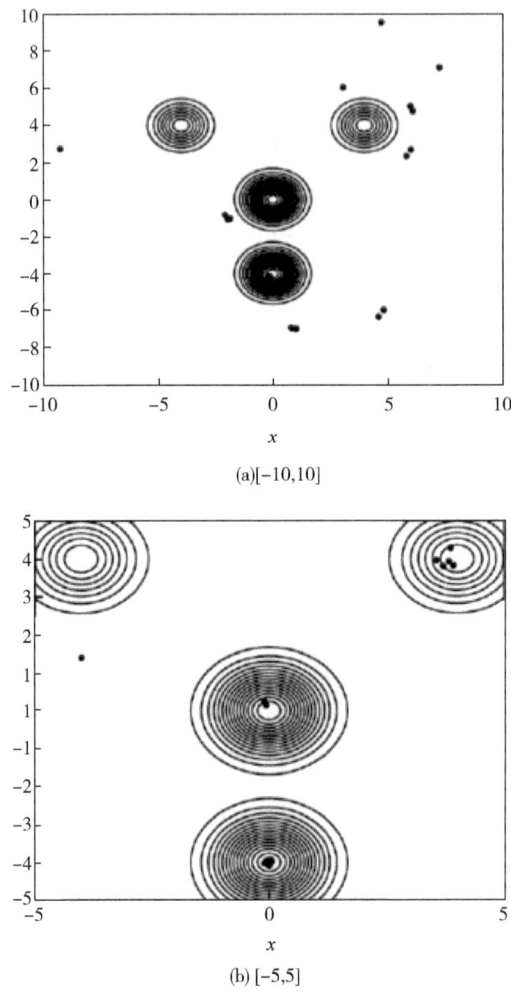

(a)[−10,10]

(b) [−5,5]

图3.3 不同区间下萤火虫最终寻优图

态。当个体位置发生移动时，萤火虫开始聚集。它们越接近（0，0）和（0，−4），搜索效果越好。通过两组实验对照，从图3.3（b）中可以看出[−5，5]上大部分萤火虫个体聚集在全局最亮萤火虫附近，形成最亮的荧光亮度，此时全局最优值已被找到。但是从图3.3（a）中可以看出在[−10，10]上，萤火虫未找到更亮的、足够吸引它移动的萤火虫，这时它

就在初始位置随机移动，丢失进一步寻优能力。结果表明，当个体之间的间隔较大时，个体之间的吸引力趋近于 0，其他个体的牵引力丧失，随之发生的是个体的运动变得随机，使得算法迭代失败，收敛速度放缓，可能发生的最坏情况是找不到全局最优值。

针对上述问题，改进主要从以下两个方面进行。

（1）本书针对 FA 算法在优化过程中存在的缺陷，对算法进行了改进。只有当萤火虫之间的距离较大时，才能保证萤火虫被吸引的程度所吸引，从而防止个体随机行走。根据最大吸引度 β_0 的启发，本书提出最小吸引度 $\beta_{\min}$ 的概念，增加个体间的吸引度，因此原吸引度变为：

$$\beta_{\text{new}}(r) = (\beta_0 - \beta_{\min}) \, \mathrm{e}^{-\gamma r_{ij}^2} + \beta_{\min} \tag{3.4}$$

由于 β_0 最大为 1，而作为一个实际的物理量吸引度必为正数，所以 $\beta_{\min} \in [0, 1]$。当 $r_{ij} \to \infty$，$\mathrm{e}^{-\gamma r_{ij}^2} \to 0$，萤火虫之间的吸引度趋于 0，则上式转化为：

$$X_i(t + 1) = X_i(t) + \alpha \, \varepsilon_i \tag{3.5}$$

这时萤火虫个体没有吸引度的牵引，呈随机移动状态，使得迭代失效。优化之后的 $\beta_{\text{new}}(r)$ 由两个部分构成，如果个体间距离较大，$(\beta_0 - \beta_{\min}) \, \mathrm{e}^{-\gamma r_{ij}^2}$ 则接近 0，如果 $\beta_{\min}$ 不为 0，则吸引度不为 0，所以 $\beta_{\min}$ 针对高维优化中萤火虫个体间距离较大时缺乏吸引度的问题得到解决。

（2）针对高维优化中萤火虫间距过大的缺点，对上述算法进行了改进，而对其他算法进行了间接改进，即使在后期的补救是高斯干扰，也不能及时解决算法陷入局部最优的问题。文献中防止萤火虫算法陷入局部最优的方法是利用混沌的随机遍历性进行检查。然而，当空间太大时，混乱就会消失。SVM 的参数优化需要利用 FA 的全局搜索能力，但是 FA 算法的优化精度却处于较低的水平。因此，为了全面提升 FA 算法的全局搜索速度和保证高精度寻优，本书有针对性地利用动态搜索机制来改进萤火虫

算法。

在基础 FA 算法中，因为萤火虫的迭代步长 α 是不变的，但是在迭代后期萤火虫之间不断靠近，继续以原本较大的补偿迭代会让萤火虫错过最优位置，从而使萤火虫在最优点之间来回移动，所以变化步长 α 的取值对算法的连续搜索性能将会有很大提升。在萤火虫算法的位置更新公式中，并未将最优值的信息引入到公式之中，未起到引导作用。以前也有学者试解决这一问题，将线性递减 α 作为改变移动步长的方法，虽然考虑到将移动步长逐渐减小，但这种变化仍是机械的，不符合实际位置变化情况，仍有较大的改进空间。还有研究引入了指数递减函数，这确实提高了算法的运算速度，但到一定的优化精度之后就无法继续优化，损失了算法的寻优精度。

针对以上问题，一种以全局最优值信息为目标，动态地对 α 进行改变的方案就应运而生了。在复杂的情况下，该方案的适用性会更好。α 在区间 $[0, 1]$ 上，构造衰减的指数函数 $\exp(-k)$，另外，权值采用全局最优值信息，即

$$\alpha(t) = \exp\left(-\frac{f_{\text{best}}(t)}{f_{\text{best}}(t-1)}\right) \qquad (3.6)$$

式中，当前迭代次数表示为 t；$f_{\text{best}}(t)$ 为第 t 次迭代目标函数的最优值；$f_{\text{best}}(t-1)$ 为第 $t-1$ 次迭代时函数的最优值。

将 $\dfrac{f_{\text{best}}(t)}{f_{\text{best}}(t-1)}$ 定义为 k，其含义是两次相邻迭代最优适应值的比率。当 $f_{\text{best}}(t-1) = 0$ 时，α 的取值默认为之前的值。

以上表达式代表了 k 是递减的。例如，当目标函数为最小时，如果 $k \geqslant 1$，说明该迭代以发散的形式呈现，k 越小，α 越大，大的迭代步长在前期有利于更快到达新的搜索领域；如果 $k < 1$，说明该迭代的整体收敛，k 值越大，α 则越小，而较小的步长对加强局部搜索有利，并对优化精度有

提高作用。

改进式 FA 算法的萤火虫位置更新公式如下：

$$X_i(t+1) = X_i(t) + \beta_{new}(r)(X_j(t) - X_i(t)) + \alpha(t)\left(\text{rand} - \frac{1}{2}\right) \tag{3.7}$$

在分析基本算法缺陷的基础上，将 MFA 从全局改进为局部，引入 β_{min} 来维持个体间的吸引力，确保算法不盲目迭代。后期引入全局最优信息，使得迭代的 α 值的变化按照最优适应值而定，最大限度地发挥目标函数的指引作用，较大地提升了搜索精度。

改进之后的算法总概如下。

算法名称为 MFA。

步骤 1：将萤火虫的初始状态给予不同的参数，这其中包括当前迭代次数 t，种群规模 n，最大迭代次数 G_{max}，维度 D，光吸收系数 γ，最大吸引度 β_0，步长因子 α_0 以及最小吸引度 β_{min}。

步骤 2：随机初始萤火虫的位置，公式如下：

$$X_{ii,d}^{(0)} = (ub_i - lb_i) \cdot \text{rand}(1, D) + lb_i \tag{3.8}$$

式中，$i = 1, 2, \cdots n$；$d = 1, 2, \cdots$；D，ub_i 为目标函数的上限，lb_i 为下限。

步骤 3：根据目标函数 $f(X_i)$ 计算每个个体的荧光亮度 $I(X_i)$。

步骤 4：按照式（3.1）计算萤火虫的荧光亮度，按照式（3.5）计算萤火虫的吸引度，再按照式（3.6）判断萤火虫的移动方向。

步骤 5：如果个体间距离发生变化，吸引力也会改变，按照式（3.7）更新个体位置，再根据荧光亮度从小到大排列个体，找寻当前最优。

步骤 6：判断是否达到迭代次数上限。如果是，输出是全局最优，否则转步骤 4。

3.3.3　参数寻优

用支持向量机进行建模和训练的重点就在于寻找到最优的参数配置，

输入变量映射到高维空间的结构会因为参数的细微差别而发生改变，导致模型的分类效果大相径庭。因此，支持向量机的参数优化是一项至关重要且细致的工作。

本书将对径向基核函数进行参数优化，该函数公式为：

$$k(x_i, x_j) = \exp(-\|x_i - x_j\|^2 / 2\sigma^2) \tag{3.9}$$

在径向基核函数中，第一步先对参数 σ 进行设置，然后对误差惩罚因子 C 进行设置，这两个参数的适当设置将极大地提升整个模型择时的效果。映射到高维空间的样本数据的复杂度或模型的计算量与 g 是否寻优恰当十分相关，总结研究发现，g 的大小应该设置在 $[0.001, 10\,000]$，在选择 g 时需思考仔细，因为不合适的 g 值会导致过拟合问题；惩罚参数 C 实际上起到了限制偏差点的作用，C 值越大，对数据集中出现的噪声"减弱效果"会越明显。但是，过大的 C 值会导致模型算法丢失错误点，引发松弛变量变小，模型运算结构会变得混乱，这也会产生过拟合现象。因此，应特别注意参数 C 的选取，一般不建议使用过大的 C，一般认为 C 的取值范围应在 $[2^{-10}, 2^{10}]$。

我们已对 FA 算法进行改进得到 MFA 算法，接下来将会在实证部分利用 MFA 算法对 SVM 中的径向基核函数的参数 g 和惩罚参数 C 进行参数寻优，旨在提高模型的择时效果。本书将在第 4 章实证部分将 MFA-SVM 与 GA-SVM 和 PSO-SVM 进行参数寻优后的择时效果进行对比。

3.4　个股实证分析

本书选取从国泰安数据库下载的平安银行（000001）、中信证券（600030）、中证 500 指数（000905）、创业板指数（399006）以及沪深 300 指数（000300）的数据。个股的每个实证分析对象使用 1 000 组数据，

前 800 组数据作为训练集，用于确定参数和模型的训练学习。测试集为后 200 组数据，用以检验模型的有效性。指数的每个实证分析对象使用 600 组数据，前 400 组数据为训练集，后 200 组数据为测试集。

3.4.1 MFA 算法有效性验证

Benchmark 是一个评价方式，在整个计算机领域应用成熟且快捷。算法的性能测试是 Benchmark 被应用最广泛的对象之一，其测试可以涵盖的方面包括算法的执行时间即运算速度、运算的准确率、数据的吞吐量、资源占用率等。为了验证算法的有效性，本书总结了 10 个典型 Benchmark 测试函数进行仿真实验，详见表 3.2。

表 3.2 Benchmark 测试函数

函数名称	函数表达式	取值范围	理论最优	最优位置
Sphere	$f_1(x) = \sum_{i=1}^{D} x_i^2$	$[-100, 100]$	0	$(0, 0, \cdots, 0)$
Axio parallel	$f_2(x) = \sum_{i=1}^{D} i\, x_i^2$	$[-100, 100]$	0	$(0, 0, \cdots, 0)$
Schwefel	$f_3(x) = \sum_{i=1}^{D} |x_i| + \prod_{i=1}^{D} |x_i|$	$[-10, 10]$	0	$(0, 0, \cdots, 0)$
Rosenbrock	$f_4(x) = \sum_{i=1}^{D} 100(x_{i+1} - x_i^2)^2 + (x_i - 1)^2 + 1$	$[-2, 2]$	1	$(1, 1, \cdots, 1)$
Schaffer	$f_5(x) = -0.5 + \dfrac{\sin\left(\sqrt{\sum_{i=1}^{D} x_i^2}\right)^2 - 0.5}{(1 + 0.001\sum_{i=1}^{D} x_i^2)^2}$	$[-100, 100]$	-1	$(0, 0, \cdots, 0)$
Rastrigin	$f_6(x) = \sum_{i=1}^{D} (x_i^2 - 10\cos 2\pi x_i + 10)$	$[-5.12, 5.12]$	0	$(0, 0, \cdots, 0)$
Griewank	$f_7(x) = \dfrac{1}{4000}\sum_{i=1}^{D} x_i^2 - \prod_{i=1}^{D} \cos\left(\dfrac{x_i}{\sqrt{i}}\right)$	$[-600, 600]$	0	$(0, 0, \cdots, 0)$

续表

函数名称	函数表达式	取值范围	理论最优	最优位置
Easom	$f_8(x) = -(-1)^D \left(\prod_{i=1}^{D} \cos(s_i)^2 \right)$ $\exp\left(-\sum_{i=1}^{D} (s_i - \pi)^2 \right)$	$[-2\pi, 2\pi]$	-1	$(\pi, \pi, \cdots, \pi)$
Ackley	$f_9(x) = -20\exp\left(-0.2\sqrt{\dfrac{1}{D}\sum_{i=1}^{D} x_i^2} \right) -$ $\exp\left(\dfrac{1}{D}\sum_{i=1}^{D} \cos 2\pi x_i^2 \right) + 20 + e$	$[-32, 32]$	0	$(0, 0, \cdots, 0)$
Katsuura	$f_{10}(x) = \dfrac{10}{D^2} \prod_{i=1}^{D}$ $\left(1 + i\sum_{j=1}^{32} \dfrac{\mid 2^j x_i - \text{round}(2^j x_i) \mid}{2^j} \right)^{\frac{10}{D^{1.2}}} -$ $\dfrac{10}{D^2}$	$[-10, 10]$	0	$(0, 0, \cdots, 0)$

为了确保对比的有效性，将 MFA 与 FA、CFA、LFA、VSSFA、GA 和 PSO 进行了对比实验。为了有效辨别算法运行效率，分别取 10 维（表示低维）及 100 维（表示高维）进行测试，迭代上限为 1 000 次。根据基本萤火虫算法设置最大吸引度 $\beta_0 = 1$，光吸收系数 $\gamma = 1$，步长因子 $\alpha_0 = 0.25$，最小吸引度 $\beta_{\min}$ 的取值范围为 $[0, 1]$，本书经过多次实验将其取 0.25，其他算法参数均根据目标函数自适应设置。测试函数的每个算法都独立运行 50 次，以确保实验的精确性和算法的鲁棒性，各算法的有效性评价标准如下。

（1）全局最优解（globalbest）：在每个算法独立运行 50 次之后计算出的全局最优解。

（2）平均最优值（MeanBest）：选取运行 50 次得到的最优值的平均，它的作用是确定算法质量的平均水平。

（3）标准差（Std）：用以衡量算法的稳定性，将 50 次运行后得到的最优值与平均最优值进行计算，得到标准差。

（4）双侧 t 检验值：利用上面得到的 MeanBest 和 Std，将 MFA 和其他的对比算法逐一实行双侧 t 检验，得到的 t 值作为优化效果显著性水平的评价指标。

（5）迭代时间：算法运行 1 000 次所需要的时间，体现了算法的运行效率。

表 3.3 分别给出 7 种算法在低维（10 维）时的测试指标，误差越接近于 0，说明精度越高。

从表中数据得到，在解决低维函数问题时，7 种算法在低维简单的函数上寻优效果都不错，但是 MFA 的寻优精度则比这些函数要出众许多，尤其在 Sphere 函数和 Schwefel P2.22 函数上误差甚至为 0。在 Rosenbrock 函数中，MFA 标准差较大，但在数量级上优于其他算法。与各函数相比，不同数量级 MFA 平均优化结果的标准差接近于 0，说明了结果的稳定性。由于低维函数是求解的，所以迭代时间没有人人差别。

表 3.3　7 种算法在单峰测试函数上的结果对比（10 维）

函数名	算法	最优值	平均值	标准差	t 检验	迭代完成时间/s
	FA	4.05e−09	6.86e−09	7.46e−06	8.641	0.89
	CFA	3.95e−11	2.34e−11	2.75e−09	3.723	3.35
	LFA	1.26e−10	3.52e−09	4.67e−09	5.346	5.24
f_1	VSSFA	0	7.34e−15	4.42e−12	8.536	2.83
	GA	7.81e−10	10.31e−10	11.59e−10	12.912	8.68
	PSO	8.25e−09	11.23e−09	11.88e−09	12.558	5.76
	MFA	0	0	0	—	2.46

续表

函数名	算法	最优值	平均值	标准差	t 检验	迭代完成时间/s
	FA	3.54e−07	6.31e−07	3.75e−05	23.356	0.65
	CFA	2.32e−10	5.92e−10	3.84e−07	9.524	1.42
	LFA	4.22e−09	8.25e−09	6.14e−06	10.468	2.54
f_2	VSSFA	4.63e−11	7.38e−11	8.14e−10	11.475	1.12
	GA	3.58e−11	7.12e−11	8.24e−10	11.763	2.34
	PSO	4.29e−11	7.06e−11	5.99e−07	9.982	4.21
	MFA	0	6.54e−13	3.52e−13	—	1.68
	FA	3.55e−06	6.85e−07	5.63e−06	25.767	0.73
	CFA	4.57e−08	6.74e−13	7.23e−10	17.842	1.12
	LFA	2.46e−08	5.75e−10	5.46e−09	14.621	2.32
f_3	VSSFA	4.53e−10	2.36e−13	4.27e−14	25.432	3.04
	GA	5.12e−10	2.86e−13	4.56e−14	15.550	4.18
	PSO	3.23e−08	5.56e−10	5.89e−10	18.741	4.74
	MFA	0	0	0	—	2.25
	FA	3.53e−06	4.35e−06	8.35e−07	12.634	1.35
	CFA	4.57e−08	1.35e−08	3.03e−09	1.352	2.46
	LFA	2.46e−08	6.64e−08	1.62e−09	3.746	4.32
f_4	VSSFA	4.53e−10	8.93e−10	2.04e−10	12.753	2.85
	GA	8.12e−10	15.12e−10	4.66e−10	6.812	3.99
	PSO	5.11e−08	11.23e−10	3.41e−09	5.228	2.76
	MFA	6.44e−12	5.28e−12	4.52e−11	—	3.19

续表

函数名	算法	最优值	平均值	标准差	t 检验	迭代完成时间/s
	FA	6.83e-05	8.58e-05	6.41e-06	34.263	1.86
	CFA	3.65e-07	6.47e-07	5.06e-07	6.637	2.57
	LFA	4.64e-05	5.60e-05	4.48e-07	15.635	2.64
f_5	VSSFA	4.68e-07	8.54e-07	7.58e-05	23.483	4.28
	GA	5.08e-05	5.72e-05	5.23e-07	16.342	3.55
	PSO	4.24e-07	8.66e-07	8.12e-05	24.118	2.09
	MFA	7.47e-09	5.19e-09	6.54e-07	—	3.43
	FA	5.63e-04	7.43e-04	3.96e-04	32.386	1.54
	CFA	4.57e-05	8.85e-05	5.83e-06	7.357	3.61
	LFA	2.52e-05	7.60e-05	7.38e-07	12.346	4.33
f_6	VSSFA	7.85e-07	3.43e-06	2.35e-08	22.574	2.85
	GA	6.99e-07	4.12e-06	3.11e-08	18.652	4.71
	PSO	2.49e-05	6.98e-05	7.54e-07	13.448	2.09
	MFA	0	0	0	—	3.52
	FA	4.36e-05	8.24e-05	6.53e-05	46.953	1.54
	CFA	3.43e-10	6.73e-10	1.64e-08	27.534	3.61
	LFA	1.53e-09	6.34e-09	9.53e-07	34.572	4.33
f_7	VSSFA	8.75e-09	1.86e-08	6.33e-07	5.268	2.85
	GA	4.64e-05	8.44e-05	6.88e-05	48.129	3.12
	PSO	3.54e-10	7.12e-10	1.78e-08	25.443	2.98
	MFA	4.85e-12	7.45e-12	2.68e-10	—	3.52

续表

函数名	算法	最优值	平均值	标准差	t 检验	迭代完成时间/s
f_8	FA	4.65e-06	8.62e-06	5.83e-05	23.743	1.36
	CFA	1.65e-09	6.38e-09	7.23e-07	5.357	1.84
	LFA	3.45e-12	7.53e-12	5.42e-09	14.586	2.33
	VSSFA	6.57e-14	8.74e-14	7.58e-09	0.764	3.15
	GA	2.04e-09	7.95e-06	6.12e-05	24.185	2.89
	PSO	4.68e-06	5.83e-09	7.34e-07	6.227	3.65
	MFA	1.84e-15	5.63e-14	9.34e-13	—	3.74
f_9	FA	6.75e-05	9.84e-05	3.15e-05	13.658	2.16
	CFA	3.42e-05	7.34e-05	6.05e-07	11.259	3.49
	LFA	2.72e-08	5.76e-08	2.33e-07	9.648	3.14
	VSSFA	4.38e-07	6.52e-07	2.83e-06	8.619	4.92
	GA	4.45e-07	7.12e-07	2.96e-06	8.224	5.87
	PSO	2.82e-08	5.88e-08	2.54e-07	10.561	4.33
	MFA	1.84e-15	4.42e-09	6.46e-08	—	6.49
f_{10}	FA	3.35e-02	6.23e-02	4.52e-01	26.168	1.59
	CFA	2.25e-04	5.41e-04	5.84e-04	6.482	2.45
	LFA	5.63e-04	6.75e-04	4.38e-03	10.891	2.27
	VSSFA	4.23e-06	7.26e-06	7.32e-05	12.197	4.61
	GA	3.41e-02	6.54e-02	4.77e-01	28.332	4.33
	PSO	2.34e-04	5.72e-04	6.03e-04	7.228	2.08
	MFA	3.66e-09	5.28e-09	8.56e-08	—	4.89

为了验证 MFA 优化结果在低维情况下与其他算法相比的可靠性，运用双侧 t 检验法对算法进行显著性分析。t 值计算公式如下：

$$t = \frac{\text{MeanBest}_1 - \text{MeanBest}_2}{\sqrt{\dfrac{(n_1 - 1)\, \text{Std}_1 + (n_2 - 1)\, \text{Std}_2}{n_1 + n_2 - 2}} \cdot \sqrt{\dfrac{1}{n_1} + \dfrac{1}{n_2}}} \qquad (3.10)$$

式中，样本的数量表示为 n_1、n_2，在本书中表示为算法在 Benchmark 上独立运行的次数。

另外，实验中取显著性水平 $\alpha = 0.01$，通过查表得知 $t_{0.005} = 2.660$。若 $|t| > 2.660$，则表示在该测试函数上 MFA 的表现相较于其他算法差异性明显。MFA 与其余 6 种算法在 10 个测试函数上的 t 值见表 3.3。

由表 3.3 可知，除了与在 Rosenbrock 中的 CFA 算法以及在 Easom 中的 VSSFA 算法相比较得到的显著性水平 t 值小于 2.660，MFA 算法在其余 8 个测试函数上与其他 6 个算法相比，得到的显著性水平值均大于 2.660。这表明，MFA 改进效果显著。

在将测试的维度提高后，算法的运算将会变得复杂，尤其在多峰函数中，存在大量的局部最优值，算法容易陷入不同峰点的局部最优值困境。表 3.4 为 7 种算法在高维（100 维）上的测试指标数据。

表 3.4　7 种算法在单峰测试函数上的指标对比（100 维）

函数名	算法	最优值	平均值	标准差	t 检验	迭代完成时间/s
	FA	2.01e+03	6.26e+03	7.52e+05	36.572	7.33
	CFA	3.17e-01	5.42e-01	2.56e-01	28.952	32.46
	LFA	4.38e-03	8.45e-03	6.43e-03	25.773	28.64
f_1	VSSFA	2.33e-04	7.79e-04	5.72e-04	16.678	34.57
	GA	4.56e-03	8.56e-03	6.79e-05	22.353	18.89
	PSO	2.42e-04	7.91e-03	5.41e-05	18.458	36.78
	MFA	3.23e-08	6.53e-08	4.59e-08	—	13.86

续表

函数名	算法	最优值	平均值	标准差	t 检验	迭代完成时间/s
	FA	6.43e+03	1.24e+04	5.53e+04	32.955	8.33
	CFA	4.17e-04	7.91e-04	6.84e-05	27.463	24.83
	LFA	5.33e-02	8.96e-02	5.78e-05	15.743	45.32
f_2	VSSFA	3.46e-02	6.41e-02	3.52e-04	8.292	27.46
	GA	6.52e-02	9.21e-02	5.79e-05	16.447	35.78
	PSO	3.47e-02	7.35e-02	4.15e-04	9.342	39.82
	MFA	5.24e-07	6.76e-07	4.61e-08	—	10.27
	FA	3.32e+02	7.45e+02	1.51e+04	41.576	13.65
	CFA	3.72e-04	6.52e-04	2.47e-02	25.364	32.45
	LFA	1.79e-05	6.89e-05	3.63e-04	34.677	42.34
f_3	VSSFA	7.64e-05	2.51e-04	2.34e-03	18.398	25.89
	GA	3.89e-04	6.61e-04	2.75e-02	28.445	33.89
	PSO	1.89e-05	6.87e-04	3.92e-04	37.934	28.35
	MFA	3.51e-08	5.37e-08	1.34e-07	—	17.27
	FA	1.46e+03	6.43e+03	6.46e+04	40.533	9.55
	CFA	3.46e+01	5.48e+01	3.42e+02	1.759	23.89
	LFA	4.62e-01	6.42e-02	2.37e+00	31.578	34.34
f_4	VSSFA	3.53e-02	5.57e-04	6.10e-01	21.652	42.79
	GA	4.77e-01	6.97e-02	2.52e+00	35.335	38.76
	PSO	3.75e-02	5.68e-04	6.13e-01	24.118	45.15
	MFA	1.46e-04	6.69e-01	4.63e-01	—	15.78

续表

函数名	算法	最优值	平均值	标准差	t 检验	迭代完成时间/s
	FA	4.82e+03	7.45e+03	2.41e+05	35.494	33.04
	CFA	2.68e+01	6.37e+01	6.33e+02	12.557	57.56
	LFA	3.47e+02	6.53e+02	5.62e+03	9.865	42.69
f_5	VSSFA	1.07e+00	9.46e+00	8.54e-01	13.848	29.48
	GA	4.97e+03	7.65e+03	2.56e+05	33.285	44.81
	PSO	2.87e+01	6.44e+01	6.65e+02	12.782	35.98
	MFA	3.26e-04	6.49e-04	4.75e-05	—	36.85
	FA	5.36e+03	8.64e+03	3.69e+05	26.475	25.36
	CFA	4.52e-01	7.02e-01	4.48e-02	16.348	32.83
	LFA	2.78e+01	6.46e+01	6.43e+03	20.532	53.49
f_6	VSSFA	4.36e+00	8.08e+00	8.17e_02	12.757	44.36
	GA	4.68e-01	7.23e-01	5.12e-02	18.223	49.11
	PSO	2.89e+01	6.58e+01	6.88e+03	22.319	34.45
	MFA	1.84e-03	7.66e-03	6.56e-04	—	29.38
	FA	3.45e+05	6.35e+05	5.34e+07	32.942	18.93
	CFA	2.57e+01	8.53e+01	5.67e+02	17.386	29.37
	LFA	5.35e+01	8.37e+01	4.63e+02	9.472	47.26
f_7	VSSFA	2.45e-02	6.34e-01	7.53e-02	14.736	36.45
	GA	2.68e+01	8.55e+01	4.85e+02	16.884	23.99
	PSO	5.54e+01	6.45e-01	5.12e+02	10.223	28.16
	MFA	2.82e-05	5.96e-05	5.04e-04	—	22.63

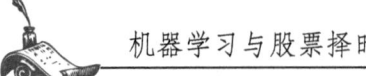

续表

函数名	算法	最优值	平均值	标准差	t 检验	迭代完成时间/s
f_8	FA	2.59e+03	8.53e+03	5.45e+05	13.395	34.29
	CFA	3.52e+00	7.53e+00	6.72e+01	25.374	58.92
	LFA	4.35e+01	6.47e+01	7.03e+02	9.371	43.75
	VSSFA	2.63e−01	8.34e−01	6.18e−01	13.644	52.48
	GA	4.55e+01	6.45e+01	7.22e+02	15.821	44.91
	PSO	2.87e−01	8.28e−01	6.34e−01	22.743	50.32
	MFA	3.34e−03	7.58e−03	5.31e−06	—	38.25
f_9	FA	2.37e+01	5.64e+01	4.11e+03	21.462	32.45
	CFA	4.84e+00	6.83e+00	6.05e+02	16.489	62.18
	LFA	7.32e+00	9.57e+00	4.63e+01	13.381	46.21
	VSSFA	5.43e−01	8.35e−01	2.58e+00	9.164	41.62
	GA	3.12e+01	5.78e+01	4.21e+03	22.084	33.57
	PSO	4.78e+00	6.92e+00	6.12e+02	17.142	64.22
	MFA	4.67e−05	5.74e−05	5.65e−04	—	35.16
f_{10}	FA	5.41e+02	6.23e+02	4.52e+03	16.562	26.16
	CFA	3.72e+01	6.11e+01	5.46e+02	6.497	42.19
	LFA	4.42e+01	7.26e+01	6.84e+01	12.249	54.29
	VSSFA	3.67e−02	6.83e−02	3.26e−00	9.185	41.26
	GA	4.56e+01	7.45e+01	6.97e+01	13.345	33.87
	PSO	3.88e−02	7.02e−02	3.43e−00	10.028	43.54
	MFA	1.74e−07	7.32e−07	4.83e−05	—	31.18

从表 3.4 列示的最优值中得到，MFA 在其他 8 个测试函数中具有较高

的精度，其最优值在不同量级上得到提高。在单峰函数 Sphere 的测试中，MFA 与 FA 相比提高了 13% 的精度。但是，FA 在 4 个多峰函数的测试中都被局部最优困扰，其他 6 种算法也难逃局部最优或优化精度太低，而 MFA 不仅跳出局部最优，而且大大提高了优化的精度。由此，我们得知最小吸引度起到了减少高维问题中距离过大的作用，能够避免 FA 容易陷入局部最优的问题，MFA 在单峰和多峰中都具有较高的优化精度。

寻优结果的提升总是以延长迭代时间作为代价的。从表 3.4 可以看出，相比 CFA、LFA、VSSFA、GA 和 PSO，MFA 的收敛时间更短。通过分析表中的平均值和标准差数据，可以得到算法的鲁棒性。结果表明，MFA 具有较好的稳定性。

在高维测试函数下，MFA 算法的双侧 t 检验结果较优，仅在 Rosenbrock 函数的测试中，MFA 与 CFA 相比较得到的显著性水平值小于 2.660，即优化效果不是非常显著。但在其他 9 个测试函数上 MFA 优化效果表现明显，显著性水平值均大于 2.660。这表明，MFA 在函数优化上的改进显著。

本书根据 FA 在前后期优化的不同特征，为平均全局勘探和局部开发能力，对算法进行了改进。在优化前期，提出最小吸引度的观点，通过增加个体间的吸引度来保持前期个体间的信息交换，预防个体的随机游走。在优化后期，借助参数改进策略，引进非线性动态搜索方法，用目标函数的最优值信息动态调整 α，这使得算法的适应性得到提高。Benchmark 函数测试的结果表明，MFA 算法不但保证了较快的收敛速度，同时相较于改进前和其他几个算法，它的优化精度也更高。

3.4.2 个股实证指标

3.4.2.1 策略总体思路

本书选择股票作为量化择时的研究对象，MFA-SVM 择时模型在大盘

关闭后每天预测一次次日收盘价。模型对下一日收盘价的涨跌进行预测，当下一日的收盘价变化幅度在正负 1.85% 之间时，认为是无变化的，记为0；当预测下一日的收盘价涨幅超过 1.85% 时，认为应该买入，记为+1；当下一日的收盘价跌幅超过 1.85% 时，则应该卖出，记为−1。每天只进行1 次或 0 次操作，该操作由系统自动执行。

3.4.2.2　特征指标

本书初步选定的特征指标见表 3.1，下载或计算每个实证分析对象对应的特征指标值。

3.4.2.3　算法设置

本书选取的 SVM 分类算法是一对一法，其中，核函数为 RBF 径向基核函数，另外，参数寻优采用萤火虫算法。径向基核函数参数 g 的范围限制在 $[2^{-10}, 2^{10}]$，参数 C 的范围也选在 $[2^{-10}, 2^{10}]$，萤火虫移动步长设置为 0.5；数据的预处理采用数据的归一化，数据的压缩范围设置在−3 至3 之间。

3.4.2.4　分析 MFA−SVM 模型对不同股票类型的预测能力

策略模型建立后，需要对其进行测试，验证其泛化能力，即策略模型在测试集上的性能。

择时准确率评价指标的作用是评价支持向量机模型的预测能力，指引我们改进模型的方向。本书 SVM 分类情况详见表 3.5。

表 3.5　择时模型结果

		预测分类结果			
		+1	0	−1	总计
	+1	A	B	C	X
实际分类结果	0	D	E	F	Y
	−1	G	H	I	Z
	总计	X'	Y'	Z'	W

通过表 3.5，可以得出 SVM 模型评价指标，如表 3.6 所示。

表 3.6　择时准确率评价指标

指标名称	数学表达式
整体分类准确率	$\dfrac{A + E + I}{W}$
+1 分类准确率	$\dfrac{A}{X}$
0 分类准确率	$\dfrac{E}{Y}$
-1 分类准确率	$\dfrac{I}{Z}$

整体分类精度是我们最常用的评价指标，它反映了支持向量机模型的整体预测和分类效果。一般来说，它的值越高，模型就越好。其他类别的分类精度反映了模型对每个类别的预测能力。倘若分类精度越高，模型对这一类的预测能力就越好。针对一个特定的分类器，同时提高整体分类准确率和各个类别的准确率是不现实的。各类别的分类准确率之间有一定关联。通常的方法是在确保一定整体分类精度的条件下，尽可能提高分类精度。本书侧重 +1 和 -1 类的分类精度。

本书选取的择时策略评价指标详见表 3.7。

表 3.7　策略评价指标

指标名称	数学表达式
累计收益率	累计收益率 = $\dfrac{累计盈亏}{初始权益}$
年化收益率	年化收益率 = $\left(1 + \dfrac{累计盈亏}{初始权益}\right)^{\frac{252}{回撤时间段内交易日天数}} - 1$
年化标准差	年化标准差 = $\sqrt{252} \times$ 日收益率标准差
夏普比率	夏普比率 = $\dfrac{年化收益率 - 年化无阶利率}{年化收益率标准差}$

续表

指标名称	数学表达式
最大回撤率	$Drawdown = \dfrac{\max(p_i - p_j)}{p_i} = 1 - \dfrac{\min p_j}{p_i}$ p_i 为第 i 天的净值，p_j 是第 j 天的净值

在表 3.7 中，累计收益率用于计算测试阶段内不同策略的收益情况，为方便记录数据用 CRR（cumulative rate of return）表示。年化收益率和年化标准差是指如果该策略全年按照测试期中的表现来投资操作，该策略可以达到的收益情况，分别用 ARR（annualized rate of return）和 ASD（annualized standard deviation）表示。夏普比率表示的是单位风险的超额回报率（本书将无风险利率设为 3%），用以综合衡量收益及风险，也是大多数战略模型所采用的评价指标。从某种意义上讲，它可以被认为是衡量风险的一个更重要的指标，用 SR（sharpe ratio）表示，最大回撤率则用 MWR（maximum withdrawal rate）表示，收益率标准差用 SDY（standard deviation of yield）表示。在本节中将改进的 FA-SVM 模型应用于股票择时判断。本书从国泰安数据库下载的上海证券交易所 2 个个股股票数据作为研究对象，分别为平安银行（000001）和中信证券（600030），选取数据的时间段均为 2015 年 7 月 7 日至 2019 年 7 月 7 日，每个个股的研究数据分别有 1 000 组。

3.4.3 平安银行个股实证

平安银行（000001）选取数据的时间段为 2015 年 7 月 7 日至 2019 年 7 月 7 日，共有 1 000 组数据，其中 800 组数据作为训练集，200 组数据作为检验集。特征指标初阶的选取范围如表 3.1 所示，通过数据测试，最终为平安银行选取的特征指标详见表 3.8。

表 3.8 平安银行选取的特征指标

指标	含义	指标	含义
ind_4	收盘价（i=-1，-2，-3，-4）	ind_{17}	BBI
ind_5	成交额（i=-1，-2，-3，-4）	ind_{18}	BIAS
ind_6	涨跌幅（i=-1，-2，-3，-4）	ind_{23}	MACD
ind_7	成交量（i=-1）	ind_{25}	PSY
ind_9	近 5 日平均成交量	ind_{27}	RSI
ind_{10}	近 5 日平均成交额	ind_{30}	SOBV
ind_{11}	近 5 日平均涨跌幅	ind_{31}	STD（n=9，18）
ind_{12}	ADTM	ind_{32}	WR
ind_{15}	AR		

开始下载表 3.8 中的数据，然后计算每日各特征指标值，将数据转换为 Python 使用的数据格式，导入数据，然后将数据分为训练集数据和测试集数据，对数据进行归一化处理，优化后得到特征指标数据。

参数寻优的结果为惩罚参数 C，最优值为 0.4，另外，核函数参数 g 的最优值为 0.037 1，最后，择时模型最优分类准确率为 63.48%。将得到的最优参数设置到模型中，依据训练集各类别样本数的比例将 W_1 和 W_{-1} 设置为 2.5，设置 W_0=0.5 对参数 C 进行加权，MFA-SVM 模型得到的择时结果如表 3.9 所示。

表 3.9 平安银行择时预测准确率 （%）

整体分类准确率	+1 类分类准确率	-1 类分类准确率	0 类分类准确率
57.50	53.33	41.67	58.96

择时策略运行的收益率结果如表 3.10 所示。

表 3.10　平安银行各择时策略评价结果　　　　　（%）

收益评价 指标	累计 收益率	年化 收益率	收益率 标准差	年化 标准差	夏普 比率	最大 回撤率
买入持有	-18.21	-20.32	1.33	22.27	-104.74	23.54
MFA-SVM	-3.36	-4.35	0.88	15.35	-48.33	12.58
标准 FA-SVM	-12.14	-16.15	1.32	19.85	-89.34	23.01
标准 GA-SVM	-11.28	-13.28	1.28	17.64	-82.11	21.75
标准 PSO-SVM	-9.08	-8.96	1.003	16.82	-59.45	15.44

由表 3.10 可知，虽然改进的 MFA-SVM 策略模型在对平安银行进行择时判断后，总体收益也亏损了 3.36%，但与简单买入持有所带来的 18.21% 的亏损相比，MFA-SVM 还是可以帮助投资者少亏损一些。另外，标准的 FA-SVM、GA-SVM、PSO-SVM 模型的收益情况也优于买入持有的情况，但效果比改进的 MFA-SVM 模型差。从最大回撤率角度来看，MFA-SVM 模型的表现也优于买入持有策略和其他模型。由此可见，改进的 MFA-SVM 策略模型具有一定的抗风险能力，策略模型的收益效果也优于其他策略。

3.4.4　中信证券个股实证

中信证券（600030）选取数据的时间段为 2015 年 7 月 7 日至 2019 年 7 月 7 日，共有 1 000 组数据，其中 800 组数据作为训练集，200 组数据作为检验集，为中信证券选取的特征指标详见表 3.11。

从寻优结果可以得出，惩罚参数 C 的最优值为 11.313 7，另外，核函数参数 g 的最优值为 0.003 9，最优分类准确率为 66.38%。将得到的最优参数设置到模型当中，依据训练集各类别样本数的比例关系将 W_1 和 W_{-1} 都设置为 2.5，$W_0 = 0.5$ 对参数 C 进行加权，对测试集数据进行滚动预测，

得到相应的预测结果如表 3.12 所示：

表 3.11 中信证券选取的特征指标

指标	含义	指标	含义
ind_1	今日最高价	ind_{11}	近 5 日平均涨跌幅
ind_2	今日最低价	ind_{12}	ADTM
ind_3	今日开盘价	ind_{14}	ATR
ind_4	收盘价（$i=-1, -2, -3, -4$）	ind_{17}	BBI
ind_5	成交额（$i=-1, -2, -3, -4$）	ind_{23}	MACD
ind_6	涨跌幅（$i=-1, -2, -3, -4$）	ind_{27}	RSI
ind_7	成交量（$i=-1$）	ind_{28}	SAR
ind_9	近 5 日平均成交量	ind_{31}	STD（$n=9, 18$）
ind_{10}	近 5 日平均成交额		

表 3.12 中信证券择时预测准确率 （%）

整体分类准确率	+1 类分类准确率	-1 类分类准确率	0 类分类准确率
58.86	54.63	47.25	67.14

按照择时策略进行交易所获得的收益结果如表 3.13 所示。

表 3.13 中信证券各择时策略评价结果 （%）

收益评价指标	累计收益率	年化收益率	收益率标准差	年化标准差	夏普比率	最大回撤率
买入持有	5.54	6.77	1.47	24.69	15.33	17.39
MFA-SVM	13.23	16.57	1.32	16.44	83.74	13.35
标准 FA-SVM	4.86	5.93	1.28	16.55	34.84	18.92
标准 GA-SVM	2.34	3.02	4.21	14.44	29.65	9.12
标准 PSO-SVM	1.88	1.93	3.76	20.08	31.24	4.65

从表 3.13 可以看出，不论是收益高低或是稳定性方面，在中信证券

的实证中，MFA-SVM 择时策略模型表现均优于简单的买入持有及其他三种策略模型。其中，就最大回撤率而言，MFA-SVM 的择时策略在收益和抗风险能力上的表现更为亮眼。

3.5 指数实证分析结果

3.5.1 中证 500 指数

中证 500 指数（000905）的实证数据共有 600 组，数据来源时间段为 2016 年 2 月 10 日至 2018 年 7 月 19 日。取前 400 组数据作为训练集，后 200 组数据作为测试集，中证 500 指数选取的特征指标详见表 3.14。

表 3.14 中证 500 指数选取的指标

指标	含义	指标	含义
ind_1	今日最高价	ind_{17}	BBI
ind_2	今日最低价	ind_{18}	BIAS
ind_3	今日开盘价	ind_{19}	CCI
ind_4	收盘价（i=-1, -2, -3, -4）	ind_{20}	EXPMA
ind_5	成交额（i=-1, -2, -3, -4）	ind_{21}	KDJ（K, D, J）
ind_6	涨跌幅（i=-1, -2, -3, -4）	ind_{22}	MA（n=5, 10, 30）
ind_7	成交量（i=-1）	ind_{23}	MACD
ind_8	均价（vwap）	ind_{24}	MTM
ind_9	近 5 日平均成交量	ind_{26}	ROC
ind_{10}	近 5 日平均成交额	ind_{27}	RSI
ind_{11}	近 5 日平均涨跌幅	ind_{28}	SAR
ind_{12}	ADTM	ind_{31}	STD（n=9, 18）

将数据拆分成两组，分别是训练集数据和测试集数据，并对数据进行归一化处理，接着借助萤火虫算法对训练集数据进行参数寻优，找寻支持向量机的最优参数。

对 RBF 中的核函数进行寻优之后得出，惩罚参数 C 的最优值为 90.526 8，核函数参数 g 的最优值为 0.002 7，最优分类准确率为 62.31%。将得到的最优参数设置到模型中，根据训练集各类别样本数的比例关系将 W_1 和 W_{-1} 设置为 3，W_0 为 0.5，对参数 C 进行加权，MFA-SVM 模型得到的择时预测结果如表 3.15 所示。

表 3.15　中证 500 指数择时预测准确率　　（%）

整体分类准确率	+1 类分类准确率	-1 类分类准确率	0 类分类准确率
49.88	55.65	15.23	69.25

中证 500 指数的择时策略评价指标结果如表 3.16 所示。

表 3.16　中证 500 指数各择时策略评价结果　　（%）

收益评价指标	累计收益率	年化收益率	收益率标准差	年化标准差	夏普比率	最大回撤率
买入持有	-0.36	-0.64	1.88	27.35	-13.34	16.53
MFA-SVM	6.54	8.59	1.72	2057	26.35	14.61
标准 FA-SVM	1.02	1.33	2.41	25.66	18.22	13.20
标准 GA-SVM	-0.12	-0.14	2.75	30.08	-15.62	17.88
标准 PSO-SVM	1.05	1.06	1.98	27.18	9.76	20.05

从表 3.16 可以看出，在中证 500 指数的实证中，MFA-SVM 的累计收益率、年化收益率与其他模型相比较高。同时该模型夏普率也优于其他策略模型，说明 MFA-SVM 模型择时的收益能力及抗风险能力都较强。

3.5.2　创业板指数

创业板指数（399006）选取 2016 年 2 月 10 日至 2018 年 7 月 19 日的 600 组数据。利用 2016 年 2 月 10 日至 2017 年 9 月 22 日的 400 组数据对模型参数进行训练。以 2017 年 9 月 23 日至 2018 年 7 月 19 日的 200 组数据作为测试集，为创业板指数选取的特征指标详见表 3.17。

表 3.17　创业板指数选取的特征指标

指标	含义	指标	含义
ind_1	今日最高价	ind_{17}	BBI
ind_2	今日最低价	ind_{18}	BIAS
ind_3	今日开盘价	ind_{20}	EXMPA
ind_4	收盘价（$i=-1,-2,-3,-4$）	ind_{21}	KDJ（K, D, J）
ind_5	成交额（$i=-1,-2,-3,-4$）	ind_{22}	MA（$n=5, 10, 30$）
ind_6	涨跌幅（$i=-1,-2,-3,-4$）	ind_{23}	MACD
ind_7	成交量（$i=-1$）	ind_{24}	MTM
ind_9	近5日平均成交量	ind_{26}	ROC
ind_{10}	近5日平均成交额	ind_{27}	RSI
ind_{11}	近5日平均涨跌幅	ind_{28}	SAR
ind_{12}	ADTM	ind_{30}	SOBV
ind_{14}	ATR	ind_{31}	STD（$n=9, 18$）

首先下载表 3.17 中计算指标所需要的数据，然后将这些数据拆分为训练集数据和测试集数据。将数据转换为 csc 格式，导入 Python 进行数据处理。

从寻优结果可以得出，惩罚参数 C 的最优值为 131，核函数参数 g 的最优值为 0.010 1，最优分类准确率为 66.32%。将得到的最优参数对 SVM

进行相应的参数设置，根据训练集各类别样本数的比例关系将 W_1 和 W_{-1} 设置为 1.5，W_0 为 0.5 对参数 C 进行加权。MFA-SVM 的择时预测结果如表 3.18 所示。

表 3.18　创业板指数择时预测准确率　　　　（%）

整体分类准确率	+1 类分类准确率	-1 类分类准确率	0 类分类准确率
54.02	46.15	31.03	61.63

根据 MFA-SVM 模型预测的结果进行相应的交易，创业板指数择时策略运行的结果如表 3.19 所示。

表 3.19　创业板指数各择时策略评价结果　　　　（%）

收益评价 指标	累计 收益率	年化 收益率	收益率 标准差	年化 标准差	夏普 比率	最大 回撤率
买入持有	9.53	12.43	2.31	42.47	21.33	35.32
MFA-SVM	46.58	62.67	1.36	28.89	204.69	33.21
标准 FA-SVM	10.12	16.98	2.76	33.82	45.21	43.12
标准 GA-SVM	13.67	20.43	3.12	45.12	24.55	22.89
标准 PSO-SVM	20.13	25.11	4.12	32.12	39.88	40.22

从表 3.19 可以看出，在收益率的标准差和最大回撤率的数据表现上，特别就最大回撤率而言，MFA-SVM 择时模型抗风险能力并不是很出众。但是，就该期间的收益情况而言，MFA-SVM 模型的收益率远高于其他策略模型。另外，MFA-SVM 模型的夏普率远高于指数本身。综合来看，在收益、波动及最大回撤方面，MFA-SVM 模型的效果依然可圈可点。

3.5.3　沪深 300 指数

沪深 300 指数（000300）的数据周期为 2016 年 3 月 10 日至 2018 年 7

月 20 日的 600 组数据。利用 2016 年 3 月 10 日至 2017 年 9 月 21 日的 400
组数据对模型参数进行训练。以 2017 年 8 月 10 日至 2018 年 6 月 13 日的
200 组数据作为测试集，沪深 300 指数最终选取的特征指标详见表 3.20。

表 3.20　沪深 300 指数选取的特征指标

指标	含义	指标	含义
ind_1	今日最高价	ind_{10}	近 5 日平均成交额
ind_2	今日最低价	ind_{11}	近 5 日平均涨跌幅
ind_3	今日开盘价	ind_{18}	BIAS
ind_4	收盘价（$i=-1$, -2, -3, -4）	ind_{21}	KDJ（K, D, J）
ind_5	成交额（$i=-1$, -2, -3, -4）	ind_{22}	MA（$n=6$, 12, 18）
ind_6	涨跌幅（$i=-1$, -2, -3, -4）	ind_{23}	MACD
ind_7	成交量（$i=-1$）	ind_{27}	RSI
ind_9	近 5 日平均成交量	ind_{30}	SOBV

SVM 参数寻优的结果为惩罚参数 C 的最优值为 1.423 2，另外，核函
数参数 g 的最优值为 0.027 3，最后，最优分类准确率为 64.72%。将得到
的最优参数设置到模型当中，依据训练集各类别样本数的比例关系将 W_1
和 W_{-1} 设置为 2.5，将 W_0 的取值定为 0.5。MFA-SVM 模型在沪深 300 指数
上的择时准确率如表 3.21 所示。

表 3.21　沪深 300 指数择时预测准确率　　　　　　　　（%）

整体分类准确率	+1 类分类准确率	−1 类分类准确率	0 类分类准确率
57.50	56.15	0	65.42

根据 MFA-SVM 模型预测的结果对沪深 300 指数进行交易，择时策略
收益的结果如表 3.22 所示。

表 3.22　沪深 300 指数各择时策略评价结果　　（%）

收益评价 指标	累计 收益率	年化 收益率	收益率 标准差	年化 标准差	夏普 比率	最大 回撤率
买入持有	3.23	4.43	2.42	36.59	3.23	33.53
MFA-SVM	42.34	55.58	1.68	27.53	191.45	29.74
标准 FA-SVM	20.04	23.75	2.25	24.40	32.76	24.88
标准 GA-SVM	17.33	16.04	5.18	39.92	18.88	18.90
标准 PSO-SVM	9.28	10.48	3.09	35.77	15.94	22.18

从表 3.22 可以看出，MFA-SVM 在收益率、波动率和最大回撤率方面均优于买入持有策略、GA-SVM 和 PSO-SVM。

4

基于深度学习的股票择时研究

4.1 指标获取

4.1.1 指标介绍

在金融市场中，股票市场指数是对一部分股票价值的度量，它通常用于描述市场的总体趋势。研究者和投资者应用技术分析的方法，旨在通过研究过去的市场数据来预测价格走势。详细来说，量化交易就是对从市场上可以获得的相关数据进行建模，通过模型优化降低数据噪声，发现原始数据与股票价格趋势之间的逻辑关系。如果模型判断未来的股票价格呈上涨趋势，则选择做多获利；如果模型判断未来的股票价格呈下跌趋势，则选择做空获利。然而股票市场受到宏观经济、政府管控和投资者情绪等众多因素的干扰，想要降低数据噪声，建立行之有效的量化交易模型是很大的一个挑战。

股票择时的核心思想在于，从可能与股票价格波动相关的股票指标入手，利用数量化的方法进行股票择时模型的构建，不断提高模型预测准确率并从中获利。可应用于股票择时研究的指标有很多，为了从各个方面综合考虑股票的特征，例如股票趋势、股价波动和股价变化等，本书选择了9个有代表性的股票市场指标：动量指标（*MTM*）、移动平均指标（*MA*）、指数移动平均指标（*EMA*）、异同移动平均指标（*MACD*）、相对强弱指标（*RSI*）、真实波幅指标（*ATR*）、平均趋向指数指标（*ADX*）、威廉指标（*WR*）和顺势指标（*CCI*）。具体来说，*MTM* 衡量了价格变化的速度，*MA* 揭示了股价趋势，*EMA* 通过考虑权重从而弥补了 *MA* 的不足，*MACD* 反映了市场趋势，*RSI* 通过分析市场压力确定股票趋势，*ATR* 衡量了价格波动，*ADX* 衡量了股票趋势的大小，*WR* 反映了市场处于超买或是超卖，*CCI* 用

于识别股票和货币的周期性趋势。

9个股票市场指标的计算公式及相关参数如表4.1所示。

表 4.1　指标计算公式

指标名称	公式及参数
MTM	$MTM_t(n) = c_t - c_{t-n}$, $n = 5$
MA	$MA_t(n) = \dfrac{\mathrm{sum}\{C_t,\ C_{t-1},\ \cdots,\ C_{t-n+1}\}}{n}$, $n = 5, 10, 20$
EMA	$EMA_t(n) = \left(\dfrac{2}{n+1}\right) c_t + \left(1 - \dfrac{2}{n+1}\right) EMA_{t-1}(n)$ $= \left(\dfrac{2}{n+1}\right)(c_t - EMA_{t-1}(n)) + EMA_{t-1}(n)$, $n = 26$
MACD	$MACD_t(n,\ m) = EMA_t(n) - EMA_t(m)$, $n = 12$, $m = 26$
RSI	$RS_t(n) = \dfrac{\mathrm{aver}\{u_t,\ u_{t-1},\ \cdots,\ u_{t-n+1}\}}{\mathrm{aver}\{d_t,\ d_{t-1},\ \cdots,\ d_{t-n+1}\}}$ $RSI_t(n) = 100 - \dfrac{100}{1 + RS_t}$, $n = 6, 12$
ATR	$TR_t = \max\{\max_t,\ c_{t-1}\} - \min\{\min_t,\ c_{t-1}\}$ $ATR_t(n) = EMA_t(n,\ TR)$, $n = 12$
ADX	$+DI_t(n) = \dfrac{100 \times EMA_t(n,\ +DM)}{ATR_t(n)}$ $-DI_t(n) = \dfrac{100 \times EMA_t(n,\ -DM)}{ATR_t(n)}$ $ADX_t(n) = 100 \times \dfrac{EMA_t(n,\ \mathrm{abs}(+DI - (-DI)))}{+DI + (-DI)}$, $n = 14$
WR	$WR_t(n) = -100 \times$ $\dfrac{\max\{\max_t,\ \max_{t-1},\ \cdots,\ \max_{t-n+1}\} - c_t}{\max\{\max_t,\ \max_{t-1},\ \cdots,\ \max_{t-n+1}\} - \min\{\min_t,\ \min_{t-1},\ \cdots,\ \min_{t-n+1}\}}$, $n = 6$
CCI	$TP_t = \dfrac{\max_t + \min_t + c_t}{3}$ $CCI_t(n) = \dfrac{TP_t - \mathrm{aver}\{TP_t,\ TP_{t-1},\ \cdots,\ TP_{t-n+1}\}}{0.015 \times \mathrm{dev}\{TP_t,\ TP_{t-1},\ \cdots,\ TP_{t-n+1}\}}$, $n = 14$

9 个股票市场指标的介绍如下：

（1）动量指标通常被视为基本的趋势追踪指标。很多交易者都会使用动量指标：一是因为其构造简单，理解起来很容易；二是因为不管是顺势、逆势还是识别超买超卖，动量指标都有用武之地。而动量指标最大的一个优势是，其能在价格方向改变前给出提示，且这种提示往往是非常准确的。

（2）移动平均指标的构建思路是将不同时期的股票价格的平均值组合起来。从本质上说，移动平均线在解释图表时消除了噪声，噪声由价格和交易量的波动组成。因为移动平均线是一个滞后指标，并对已经发生的事件做出反应，所以它不是预测指标，而是用作验证和分析的解释指标。

（3）指数移动平均指标被广泛用于时间序列分析之中。简单移动平均值（SMA）是历史价格数据中前 n 个数据（通常是收盘价）的未加权平均值。乘数因子的使用，是加权移动平均线（WMA）的核心思想，其作用在于对不同的价格赋予不同的权重。通常来讲，近期价格比过去价格更重要。

（4）异同移动平均指标是一个震荡指标，它揭示了股票价格趋势的强度、方向、动量大小和持续时间的变化。MACD 这个指标比较特殊，通过观察快均线和慢均线的离散程度和变化趋势，能对未来股票价格做出相应的判断和预测。

（5）相对强弱指标是动量指标，它比较指定时间段内的近期损益幅度，以衡量股票的价格波动和速度变化。相对强弱指标是通过指数值来对股票市场进行判断，它的指数值在 0 到 100 之间浮动。目前股票市场中最常见的指数值是在 [30，70] 上波动，数值高，则多头力量占上风；数值低，则空头力量占上风。

（6）真实波幅指标（ATR）是取不同时间段的股票价格变化量的移动平均值，它在许多其他的指标中经常被引用，可见该指标的重要性。该指标的使用方法和原则是：如果该指标的数值相对较高，意味着未来股票价

格趋势改变的概率也相对较高；反之，如果该指标的数值相对较低，意味着未来股票价格趋势改变的概率也相对较低。

（7） ADX 的核心思想在于通过指标线的变化来预测股票价格的涨跌强弱。在股票市场中不难发现，当股票价格出现相对明显的一波上涨趋势或者一波下跌趋势时， ADX 对应的指标线会出现显著的上扬状态。但这里需要注意的是，并不是上扬状态意味着股票价格的上涨趋势，而是上扬状态既可以反映上涨力度，也可以反映下跌力度，上扬的状态与涨跌力度成正比。

（8）威廉指标的构建理念是将股票的基础数据（如最高价和开盘价）作为入手点，探讨这些数据之间的相关性，并从中去判断股票中短期的价格走势。该指标的特色在于提出了震荡点这个概念，依靠震荡点可以分析多头方和空头方的力量，从而在变幻莫测的股票市场中获得超额收益。

（9）顺势指标目前最广为人知的是应用在股票市场，但其实它最早是用来判断期货市场的价格走势的。顺势指标的创新点在于提出了其他指标通常忽略的一个问题，即股价平均偏差在股票市场中的关键性。通过观察股票价格是否出现异常的激增或者激减，可以判断股价的未来走势。

4.1.2　指标可视化

本书通过网络爬虫的方式获取了 6 只股票从 2017 年 10 月 19 日至 2020 年 3 月 27 日的日均基础数据，如开盘价、最高价等。6 只股票分别为平安银行（000001）、万科 A （000002）、中金环境（300145）、中信证券（600030）、中国联通（600050）和中国石油（601857）。通过表 4.1 中的公式和相应参数计算，我们发现 6 只股票的市场指标数据如图 4.1 至图 4.6所示。不难看出，各只股票的不同指标的波动幅度和值域都不尽相同，这与复杂的市场情况和各只股票自身的特点密切相关。由此可见，在处理股票这种特殊的时间序列数据时，使用传统的统计学模型很难获得较

高的预测准确率，同时模型的泛化能力和鲁棒性也较弱。而深度学习这种模型由于其独特的模型构造，通过不断的迭代可以自我学习，不断强化数据的表征能力，在处理诸如股票这种复杂数据时具有明显的优势。

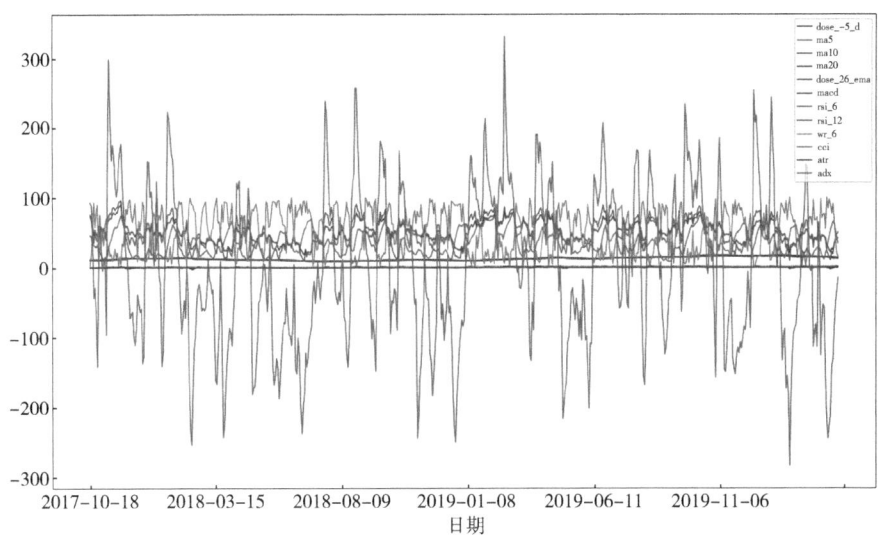

图 4.1　股票市场指标（平安银行）

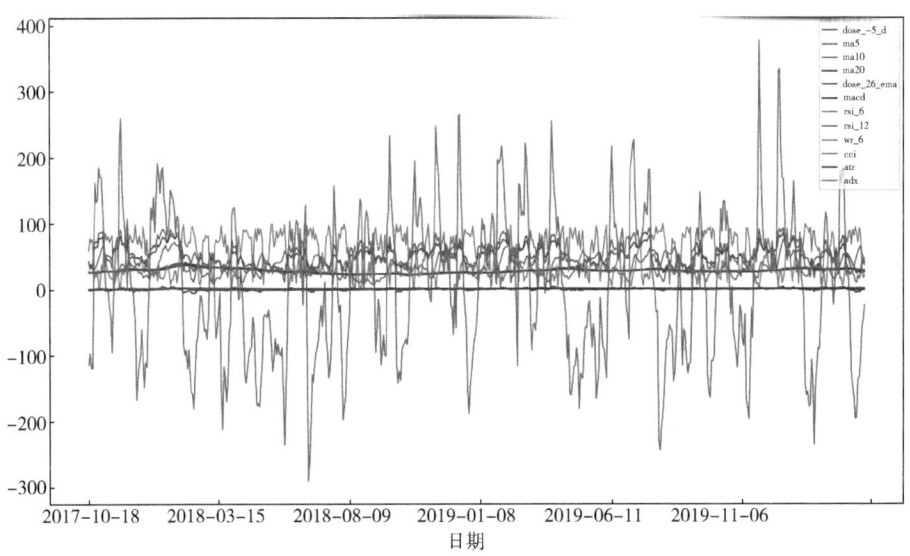

图 4.2　股票市场指标（万科 A）

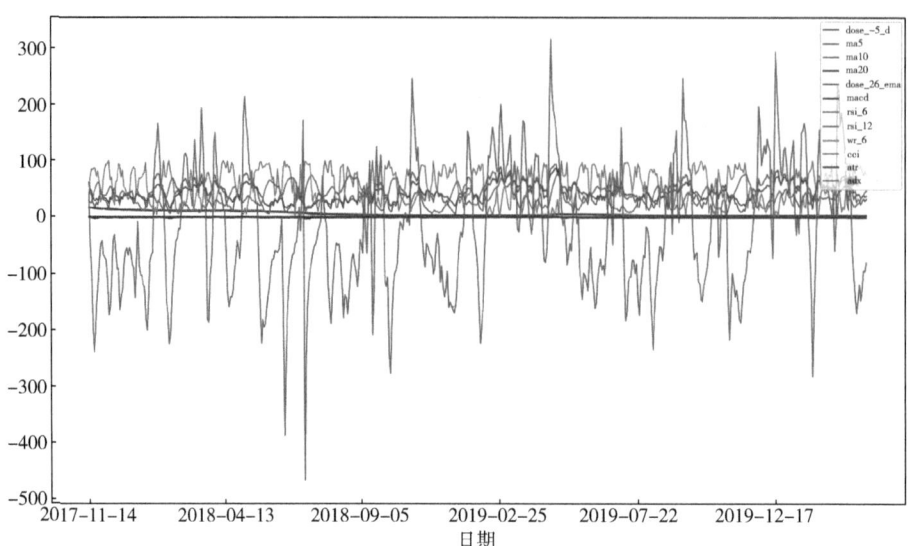

图 4.3 股票市场指标（中金环境）

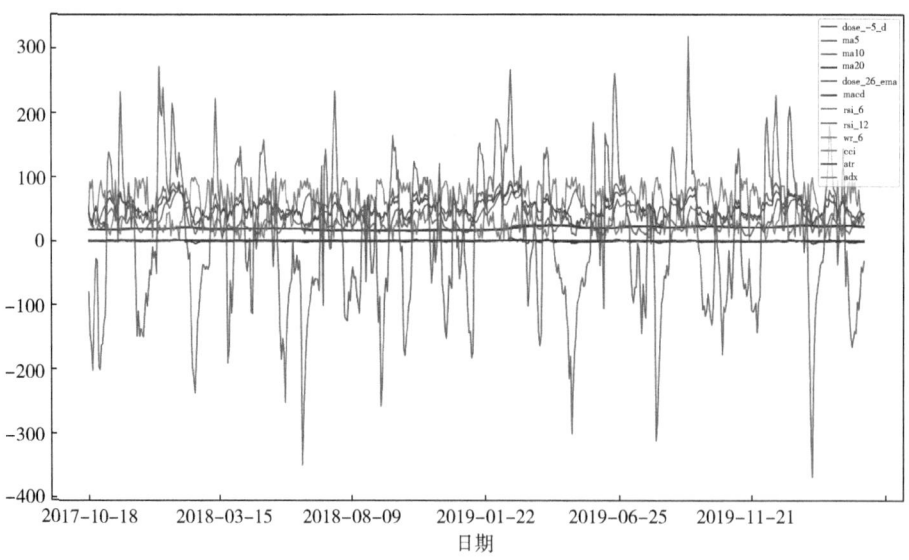

图 4.4 股票市场指标（中信证券）

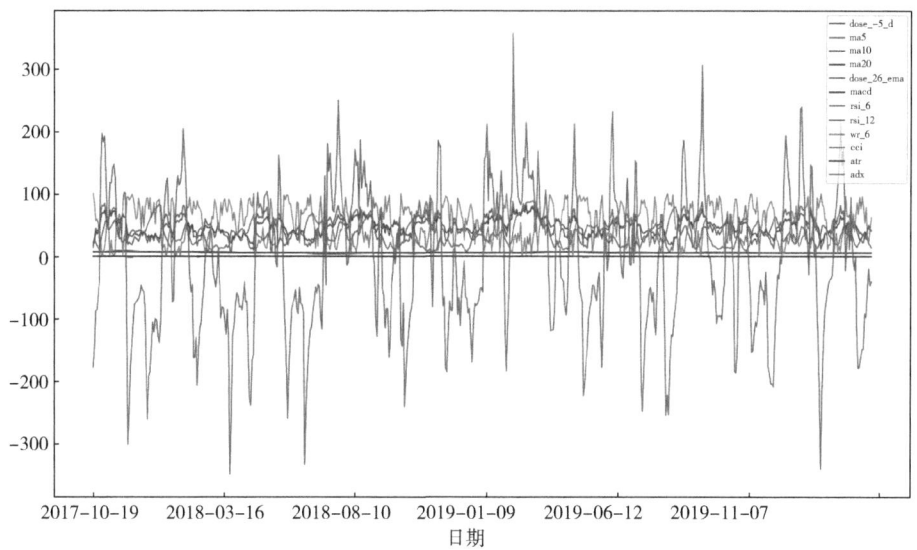

图 4.5 股票市场指标（中国联通）

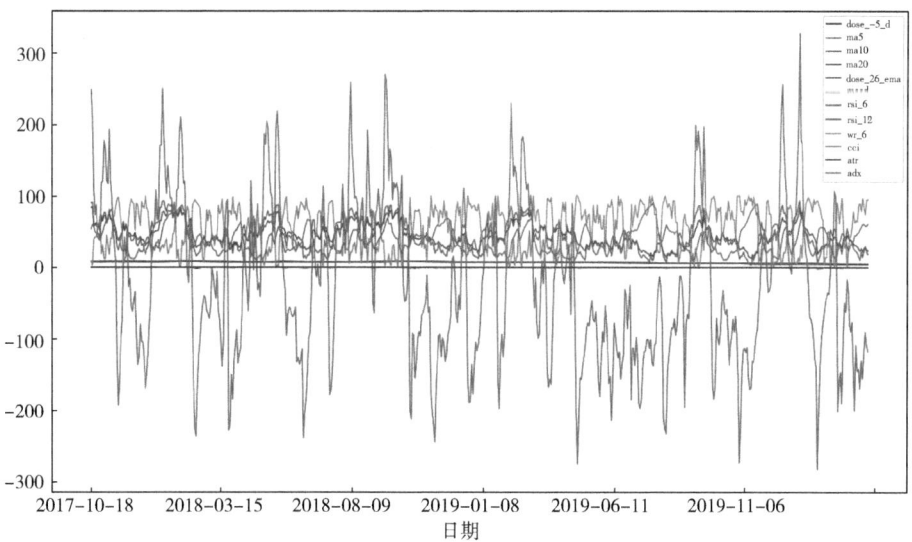

图 4.6 股票市场指标（中国石油）

4.2　数据预处理

4.2.1　数据正则化

在模型构建的过程中，数据预处理往往被人们所忽略，因为大多数研究者认为只要所建立的模型高效，原始数据的处理并不重要。这个思想犯了根本性的逻辑问题，原因在于，在构建模型的过程中，我们往往依靠原始数据的特点，如数据量和数据维度，来构建相应的模型。如果原始数据本身就难以训练或充斥着大量异常值的话，那依靠这样的原始数据所构建的模型想必也是失败的。了解了数据预处理的重要性，那如何进行行之有效的数据预处理呢？首先要介绍的是对数据集中的缺失值部分进行处理，通常来说可以选择删除缺失值或者使用该属性的平均值来填充，这样会最大限度减小对模型训练的影响。其次是对于异常值，需要使用相应算法发现原始数据中的异常值，一般选择删除异常值，不过也可以进行错误纠正。最后比较常见的数据预处理方法就是数据变换，数据变换的核心思想是在不丢失数据有效信息的前提下，将原始数据转换为更容易令模型训练的方式存在，这样可以最大限度地提高模型的训练效率和性能。

我国股票市场由于自身特点，通常会受到多种因素的影响，如宏观经济、政府管控和市场情绪等，股票数据存在大量的噪声。想要去除噪声对股票数据的影响是一件十分困难的事，如果盲目使用算法对原始数据进行处理，很可能将有效的信息删除掉，而且噪声去除的程度往往不好判断。由此可见，对股票数据进行预处理是十分必要的。

目前比较流行的预处理方法有标准化、缩放到指定范围和正则化。标准化的思想在于将原始数据都按照一个标准化的模板进行变换，这样有利于不同数据间的相互比较；缩放到指定范围是指将原始数据的某个属性缩放到一个固定的范围之内，这在处理数值相差很大的数据集时十分有效；正则化的创新点在于将 p-范数这个概念应用其中，具体运算流程在这里不多做介绍。在本书中，选择使用正则化对股票指标数据进行预处理，正则化的公式如式（4.1）所示。

$$\|X\|p = (\,|x1\,|^p + |x2\,|^p + \cdots + |xn\,|^p)^{1/p} \tag{4.1}$$

市场指标数据正则化后如图 4.7 至图 4.12 所示。不难看出，对比正则化前的股票指标数据，正则化后的股票指标数据更集中，离散程度更小，这样更便于模型进行训练并提高预测准确率。具体来说，正则化有以下好处：①防止过拟合；②使用了先验知识；③解决了逆矩阵求解的难题；④降低了模型的计算复杂度。

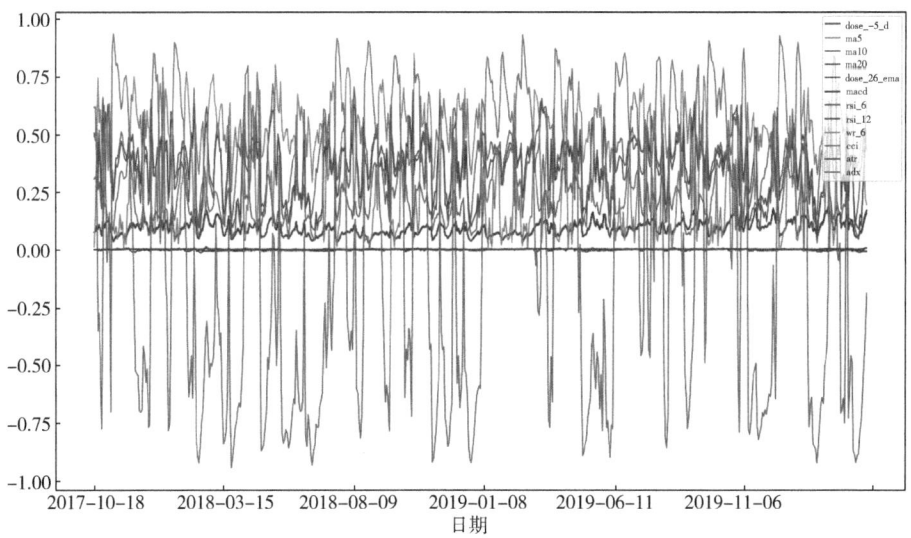

图 4.7　正则化股票市场指标（平安银行）

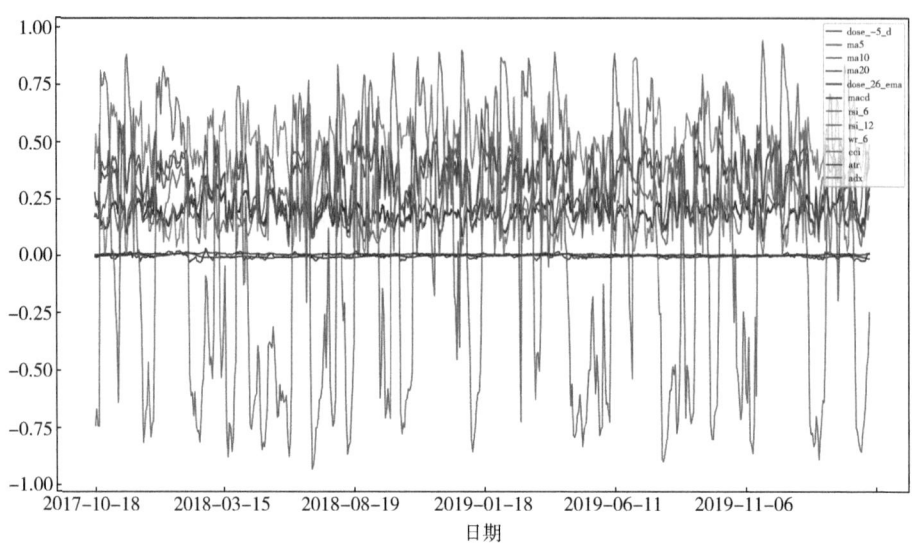

图 4.8　正则化股票市场指标（万科 A）

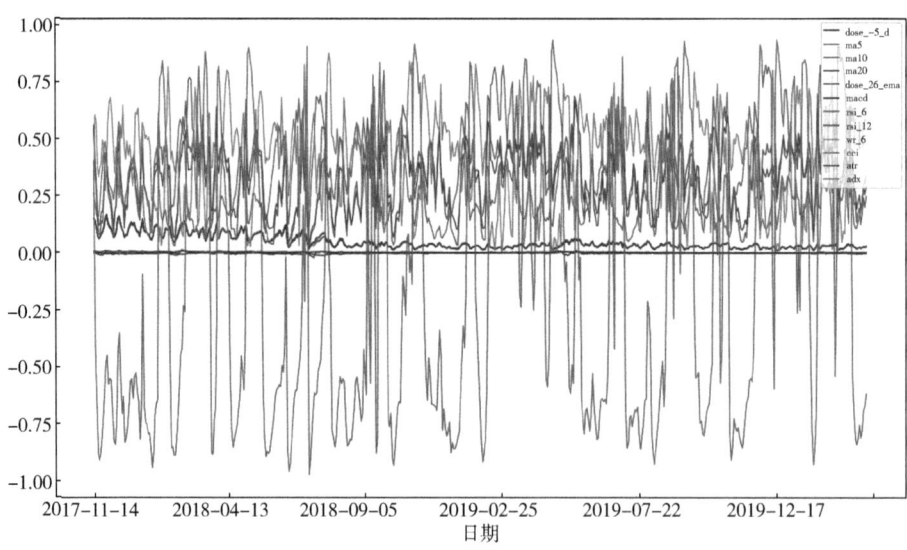

图 4.9　正则化股票市场指标（中金环境）

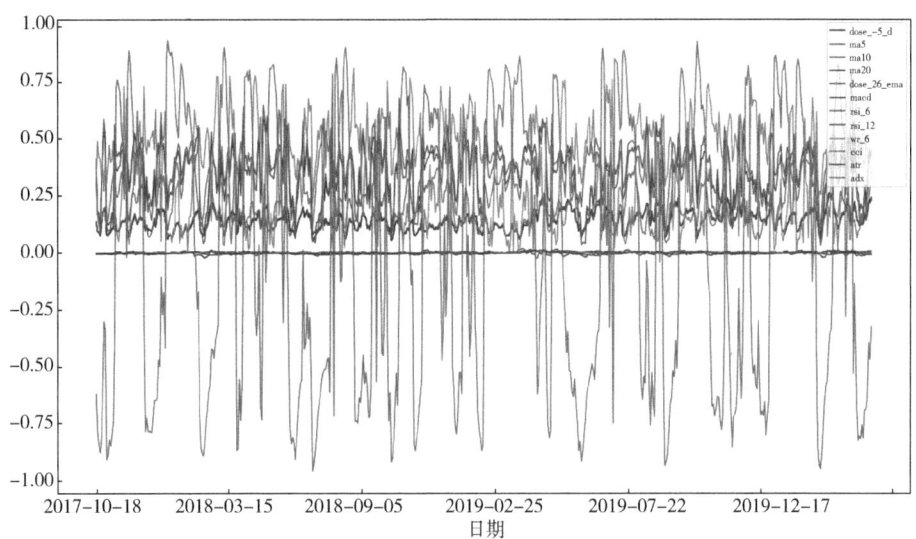

图 4.10 正则化股票市场指标（中信证券）

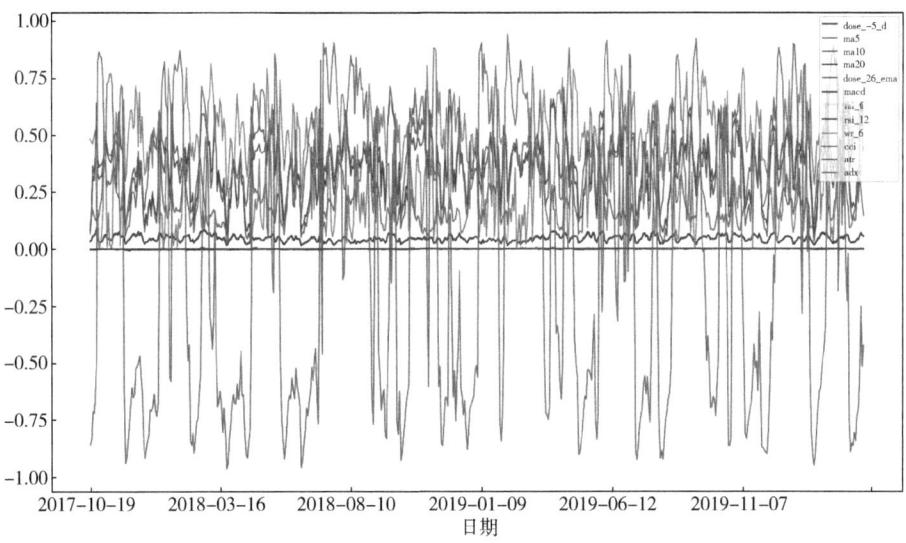

图 4.11 正则化股票市场指标（中国联通）

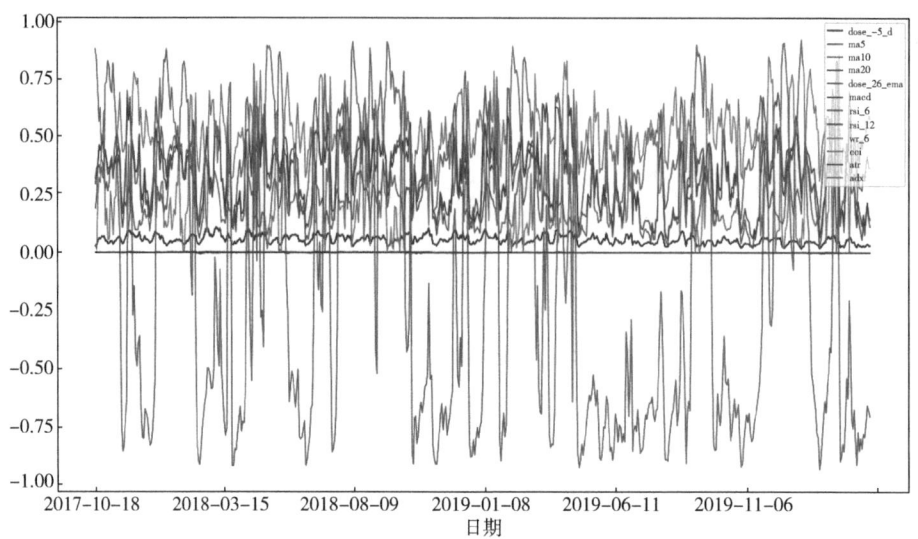

图 4.12　正则化股票市场指标（中国石油）

4.2.2　维度分析

通过上述正则化对股票市场指标进行预处理后，我们得到了一个 596×12 的数据集，即拥有包含 596 条数据、12 个属性的数据集。不难看出，此时我们的数据集是二维的。而本书使用一维 CNN 模块对股票市场数据进行处理，这就与一维 CNN 模块的自身特点产生了冲突，因为一维 CNN 对于数据输入的要求是三维。为了解决模型接口与输入数据维度不匹配的问题，我们将数据维度重塑为 596×12×1 的结构，从而可以通过一维 CNN 模块进行训练。这里需要强调的一点是，本书并没有将数据维度重塑为 596×2×6 或者 596×3×4 的结构，原因在于这样做会使数据难以解释。596×12×1 的结构可以很好地理解为有 596 天，每天拥有 12 个属性元素并相互独立。而如果重塑为 596×2×6 或者 596×3×4 的结构，将缺乏一个合理的解释，也会使模型训练的难度增加。因为股票数据不同于图像数据和文本数据，需要考虑其独特的数据维度和时间序列特性。

将重塑的股票市场指标数据输入到混合 CNN-RNN 模型之中，维度信息具体如下：

（1）输入数据。将数据维度重塑为 596×12×1，即得到了 596 个 12×1 维度的矩阵，将该数据集输入到一维 CNN 模块中进行训练。

（2）卷积层。我们将滤波器的卷积核大小设为 5。滤波器是卷积层运算的关键所在，正是凭借着滤波器，卷积神经网络才能在第一层获得单一的特征表示。由于滤波器如此重要，为了提高模型的性能，本书添加了 128 个滤波器，也就是说在第一层我们可以获得 128 个不同的特征表示。该层的输出维度为 128。

（3）最大池化层。卷积层的下一层一般来讲是池化层，池化层就是为了处理卷积运算后的数据所构建的。池化层的作用在于将较长的输入序列转换为更高级且更短的序列，从而降低模型计算的复杂度。在本书中，池化层层数为 3。

（4）双层 LSTM 和双层 GRU 这种多层的结构能进一步提高模型性能，在处理股票这种时间序列数据上有天然优势，输出维度分别为 64、32、16 和 8。

（5）ReLU 激活函数层。ReLU 激活函数的作用在前面已有所介绍，在此不再赘述。简单来说，激活函数层会将向量降为长度为 1 的向量，因为在本书中只需要判断股票市场的涨跌情况，最后的输出值的含义是涨跌情况出现的概率。

4.3 混合 CNN-RNN 模型的构建

4.3.1 模型构建思路

通过文献调研，现阶段大部分股票择时的研究仍集中在传统的统计学

模型上，将深度学习的理念应用于股票择时领域的研究寥寥无几。近年来，深度学习模型取得了长足的发展，正因为如此，CNN 模型和 RNN 模型越来越多地进入了人们的视野中，而由 CNN 和 RNN 组合形成的混合 CNN-RNN 模型势必有着良好的发展前景。本书模型构建的大体思路就是将先进的混合 CNN-RNN 模型理念应用到股票择时领域，建立能解决股票择时问题的模型，填补该领域的空白。

分开来看，CNN 主要应用于图像处理领域，这是因为大多数研究都选择使用二维 CNN 模型，而图像数据的维度正好适用于二维 CNN 模型的接口。但是我们在进行数据分析时，首要考虑的并不是模型本身的选择，而是应该关注数据本身的特点和维度。股票市场指标数据的维度并不适用于二维 CNN 模型的接口，而一维 CNN 模型的接口和股票市场指标数据的维度是契合的，所以在混合 CNN-RNN 模型的构建中，本书选择了一维 CNN 而没有选择研究者经常使用的二维 CNN 来搭建模型。股票市场指标数据的特点就是带有明显的时序性，也就是说之前的指标数据会对以后的指标数据产生影响，而且这种影响不是简单的线性关系。RNN 由于其独特的结构，十分适用于处理长阶段的时序模型，所以使用 RNN 来处理股票市场的指标数据是适合的。在 RNN 模块部分，本书选择了四层 RNN 的搭建方法，其中有两层 LSTM 层和 GRU 层。这样做一方面可以增加网络的深度，提高模型准确率；另一方面，可以融合 LSTM 和 GRU 各自的优点，即 LSTM 本身良好的数据表示能力和 GRU 更易收敛的优点。最后，需要选择激活函数层将整个网络变为全连接层，实现分类任务，这部分本书选择了现阶段比较流行的 ReLU 激活函数。整体来看，一维 CNN 模块部分一方面使运算参数变少，从而降低了模型的计算复杂度；另一方面进行了特征提取，强化了特征表示能力，从而使 RNN 模块部分的处理速度更快、准确率更好，显著提升了模型的性能。

4.3.2 模型构建流程

本书提出的混合 CNN-RNN 模型的流程如图 4.13 所示。

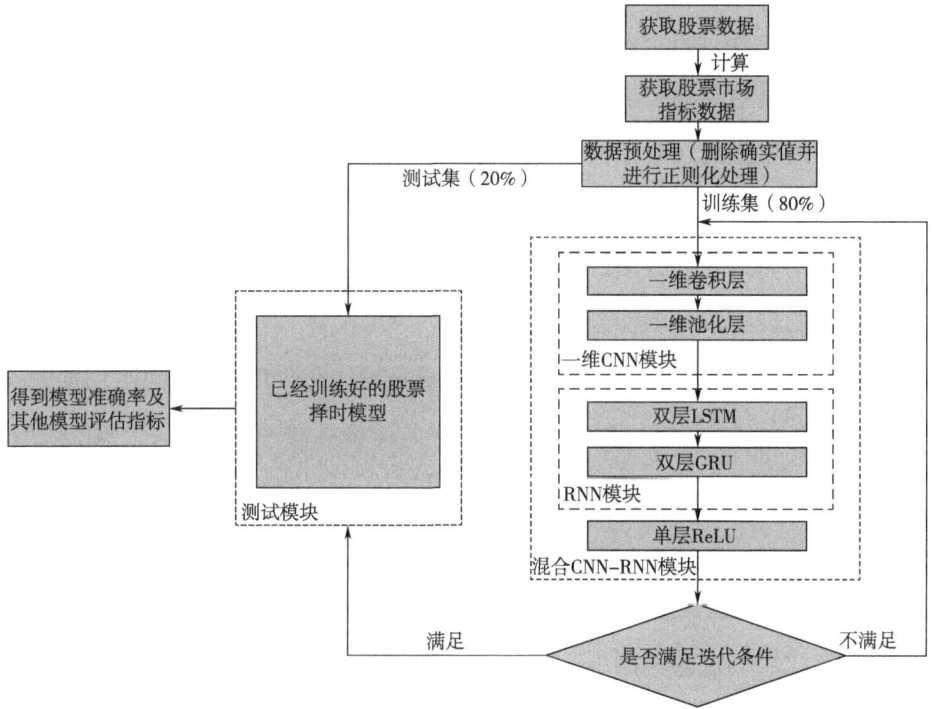

图 4.13 模型流程图

从模型流程图中不难看出，混合 CNN-RNN 模型处理股票数据的步骤如下：

（1）通过相关财经类网站获取股票的基础数据，如开盘价、收盘价、最高价和最低价。

（2）获取股票市场指标数据。根据第 3 章中介绍的股票市场指标的计算公式和上一步获取的股票基础数据，计算得出股票市场指标数据。将股票市场指标数据保存为易处理的 csv 格式，并对数据进行打标签处理。打

标签规则为：假如第 n 天的收盘价 a_n 大于昨日即第 $n-1$ 天的收盘价 a_{n-1}，则定义标签 $y = 1$；假如第 n 天的收盘价 a_n 小于昨日即第 $n-1$ 天的收盘价 a_{n-1}，则定义标签 $y = 0$，之后将定义好的标签存入股票市场指标数据中。最后将数据随机进行八二分割，其中 80% 作为训练集，20% 作为测试集。

（3）数据预处理。在本书中，对缺失值选择了直接删除，因为股票市场指标数据集中的缺失值并不多，如果采取缺失值填补的方法反而可能对模型训练造成影响。对于异常值，本书同样选择了直接删除的处理方式，因为不恰当的错误纠正可能导致所构建的模型难以训练。另外，本书使用了数据正则化来处理数据，这样做的好处是可以降低数据的复杂度，从而提高模型的训练效率和性能。

（4）训练模型。将训练集数据输入到混合 CNN-RNN 模型中，通过一维 CNN 模块、RNN 模块和 ReLU 层，正向传播，得到预测值 $\hat{y}$，预测值 $\hat{y}$ 和真实值 y 之间的差值就叫作误差值。之后通过一种特殊的训练机制对模型进行训练，调整混合 CNN-RNN 模型中的各个参数，使损失值不断趋向于 0。重复上述过程直到设定的次数，训练完成。模型训练的核心思想就是通过迭代训练将误差值不断降低，直到保持在一个较低的水平上。二元交叉熵函数作为损失函数，它的数学表达式如式（4.2）所示，其中 $\hat{y}$ 代表预测值，y 代表实际值。二元交叉熵损失函数不同于 Softmax 损失函数，因为二元交叉熵损失函数是专门用来执行二分类任务的。优化算法方面，我们选择了 Adam 优化算法。Adam 优化算法的计算公式如式（4.3）至式（4.7）所示，其中 β_1 和 β_2 是常数，m_t 是指数移动均值，v_t 是平方梯度，g_t 是一阶导，t 表示次数，$\hat{m}_t$ 为 m_t 的纠正，$\hat{v}_t$ 为 v_t 的纠正。本书之所以采用 Adam 算法而没有使用传统的梯度下降法，原因在于传统的梯度下降法无法改变训练过程中的学习率，而 Adam 算法突破了传统随机梯度下降法固有的缺陷，可以根据不同的参数来设计不同的学习率，再根据学习率更新

相应的权重，从而显著提高模型的预测准确率。

$$L = -\left[y\log\hat{y} + (1-y)\log(1-\hat{y}) \right] \tag{4.2}$$

$$m_t = \beta_1 \times m_{t-1} + (1-\beta_1) \times g_t \tag{4.3}$$

$$v_t = \beta_2 \times v_{t-1} + (1-\beta_2) \times g_t^2 \tag{4.4}$$

$$\hat{m}_t = \frac{m_t}{1-\beta_1^t} \tag{4.5}$$

$$\hat{v}_t = \frac{v_t}{1-\beta_2^t} \tag{4.6}$$

$$w_t = w_{t-1} - \alpha \times \frac{\hat{m}_t}{\sqrt{\hat{v}_t} + \epsilon} \tag{4.7}$$

（5）模型评估。对于模型的评估，需要使用测试集来进行测试，因为在整个训练过程中，模型并没有训练过测试集中的数据，所以用测试集来对模型进行评估是客观准确的。在本书中，对准确率、召回率、AUC 值等模型评估指标进行了记录和展示，并根据指标数据对模型进行相关分析。混合 CNN-RNN 模型代码见附录。

4.3.3　模型结构

本书提出的混合 CNN-RNN 模型是一种有监督的学习方法，因此意味着将输入数据转换为一个样本对应着一个标签的形式。混合 CNN-RNN 模型的结构如图 4.14 所示。股票择时指标数据可以看作一个时序性的长序列，一维 CNN 模块的卷积神经网络可以将长的输入序列转换为由高级特征组成的更短的序列。RNN 模块由于其独特的网络结构，对于处理股票市场指标数据这种时间序列数据有着天然的优势，而使用多层 RNN 进行构建既保留了 LSTM 本身良好的数据表示能力，又融入了 GRU 更易收敛的优点，进一步提高了模型的性能。最后，ReLU 激活函数层将整个网络变为全连接层，从而进行分类任务并得出股票择时结果。

具体来说，若股票市场指标数据得到的训练集的时间序列长度为 t，

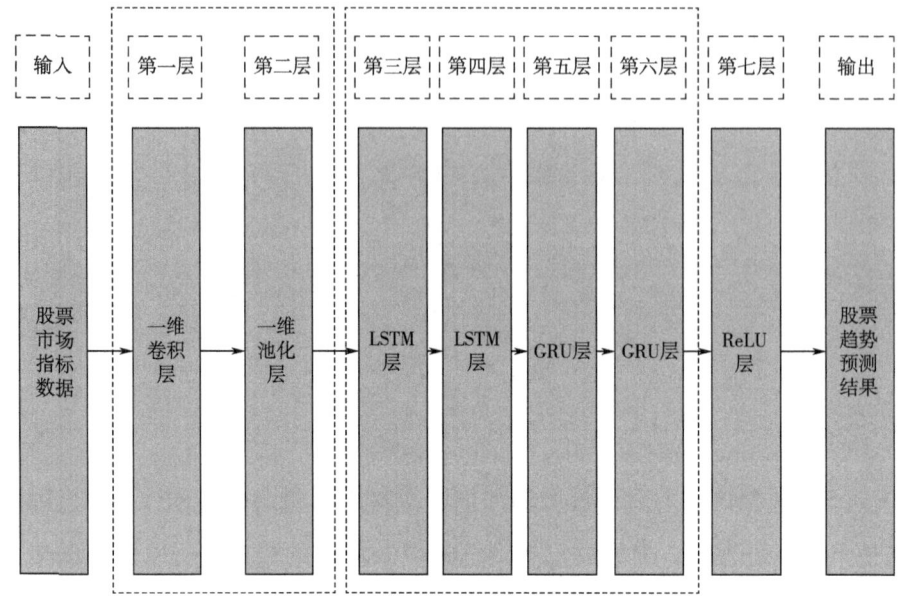

图 4.14　模型结构图

则输入的数据可表示为 $(x_1,\ x_2,\ \cdots,\ x_t)^{\mathrm{T}}$，对应的标签数量个数为 t。为了提取更多特征，我们将输入的一维值转换为第一层 $dim1$ 中所匹配的向量维度，令 $dim1 = 128$，卷积核的数目 $s = 5$。第二层 $dim2$ 为池化层，在 $dim1$ 数据处理的基础上，进一步对数据特征进行提取，从而简化了网络复杂度，减小计算量和内存消耗，该层层数应与 $dim1$ 一致，即 $dim2 = 128$。在第三层中，我们将 $dim2$ 的输入向量转换为 $dim3$ 的向量，令 $dim3 = 64$。依此类推，令 $dim4 = 32$，$dim5 = 16$，$dim6 = 8$。最后从第六层 $dim6$ 获取该层的输出 v，将 v 作为 ReLU 激活函数层 $dim7$ 的输入，输出即为所需的预测值 $\hat{y}$。

4.3.4　模型评估

部分研究者认为，模型构建的重要性显著高于模型效果评估。这种思想是明显错误的，模型效果评估和模型构建是同等重要的，因为通过模型

效果评估可以发现模型构建中的缺陷和不足，从而进一步对模型的参数和结构进行修正和调整。目前的研究中，最常见也是最常用的指标就是准确率，但是在使用准确率作为指标时，也需要相应的前提条件，否则准确率指标无法对模型的优劣做出准确的判断。原因在于，如果本身的数据集是明显不平均的，比如对班级的男生女生进行分类，班级中的男生占比高达95%，而女生占比只有5%，一个模型即使预测出所有人均为男生，那么该模型的准确率也可以高达95%，但是很明显，这个模型是完全无效的，此时准确率这个指标就不能很好地帮助我们进行判断。由此可见，在进行模型评估时，不能只从某个方面进行评估，而应该从不同的方面和维度去评估。在实证研究中，我们往往会发现不同的评估指标有时候会产生截然相反的结果，究其原因是各个指标都有各自的评估方式和角度。也就是说，模型性能的优劣不是绝对的而是相对的，研究者不能只关注指标的数值，还应该考虑研究的目的是什么。

本书研究的股票择时问题，将涨和跌分为两个不同的类别，是典型的二分类。本书所选择的指标如下：准确率（Accuracy）、均方误差（MSE）、均方根误差（RMSE）、召回率（Recall）、F_1 值（F_1 score）和曲线下面积（AUC）。如果要详细了解这些模型评估指标，我们需要先介绍一下混淆矩阵的概念。混淆矩阵的主要作用是能够比较全面地反映出模型在各个方面的性能，因而从混淆矩阵之中能够衍生出很多的指标。混淆矩阵图如图 4.15 所示。

准确率主要用于计算分类正确的样本在总样本中所占的比重，它的计算公式如下所示：

$$Accuracy = \frac{TP + TN}{TP + FP + TN + FN} \tag{4.8}$$

式中，TP 表示真实值和预测值同为正例；FN 表示真实值是正例但预测值是反例；FP 表示真实值是反例但预测值是正例；TN 表示真实值和预测值

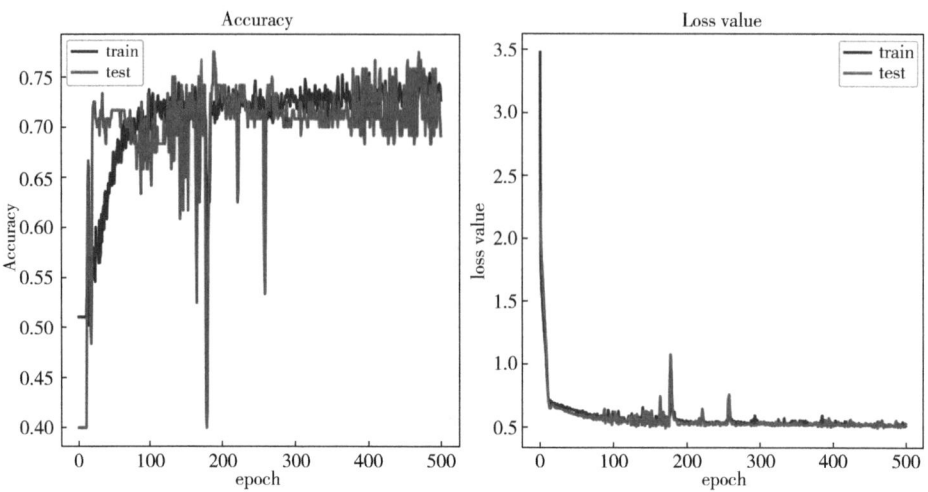

图 4.15   混淆矩阵图

同为反例。

召回率可以简单理解为分类正确的样本数占该类样本总数的比例。召回率的计算公式如下所示：

$$Recall = \frac{TP}{TP + FN} \tag{4.9}$$

F_1 值的本质就是计算调和平均数，它的计算公式如下所示：

$$F_1 = \frac{2PR}{P + R} = \frac{2TP}{2TP + FP + TN} \tag{4.10}$$

本书选择 AUC 作为关键指标的原因是 AUC 是专门用来评估二分类任务的评估指标。AUC 的本来是面积的概念，由 ROC 曲线所覆盖的区域组成。其实 ROC 曲线本身就可以很直观地展现二分类模型的性能好坏，但是研究者们还是更愿意用数值型指标来表示，所以 AUC 就出现了，并被广泛应用于众多领域之中。AUC 的计算公式如式（4.11）所示，其中 rank_{ins_i} 代表第 i 条样本的序号，M 代表与二分类目标相关的样本个数，N 代表与二分类目标无关的样本个数，$\sum\limits_{ins_i \in positiveclass}$ 表示 M 所对应的样本编号之和。

$$AUC = \frac{\sum_{ins_i \in positiveclass} \text{rank}_{ins_i} - \frac{M \times (M+1)}{2}}{M \times N} \tag{4.11}$$

MSE 是指模型预测出的预测值和真实值之差的平方之和，其本质就是测量模型预测的准确程度，一般来说，MSE 值越小，证明模型拟合效果越好、模型性能越优。如果要详细了解 MSE 这个模型评估指标，首先需要引出 SSE 这个概念。SSE 表示预测的标签值与实际的标签值所对应的误差值的平方和，用 SSE 除以总数据量 n 即可得出 MSE 值。SSE 值的数学表达式如式（4.12）所示，其中 y_i 是真实数据，$\hat{y}_i$ 是拟合的数据，参数 $w_i > 0$。

$$SSE = \sum_{i=1}^{m} w_i (y_i - \hat{y}_i)^2 \tag{4.12}$$

MSE 由 SSE 推导而来，它的数学表达式如下所示：

$$MSE = \frac{SSE}{n} = \frac{1}{n} \sum_{i=1}^{m} w_i (y_i - \hat{y}_i)^2 \tag{4.13}$$

$RMSE$ 的计算思路和 MSE 完全一致，通过对 MSE 开平方根得到 $RMSE$，它的数学表达式如下所示：

$$RMSE = \sqrt{MSE} = \sqrt{\frac{SSE}{n}} = \sqrt{\frac{1}{n} \sum_{i=1}^{m} w_i (y_i - \hat{y}_i)^2} \tag{4.14}$$

4.4　基于 UCI 数据集的实证研究

本书的实证思路为，首先用 UCI 机器学习库的数据集测试混合 CNN–RNN 模型，并与其他机器学习模型进行对比，证明该模型有良好的数据分类能力。然后用股票市场指标数据测试混合 CNN–RNN 模型，并与其他机器学习模型进行对比，证明该模型有股票择时能力。本书希望通过该实证，证明混合 CNN–RNN 模型不仅可以胜任股票择时的任务，在处理一般的二分类任务时也有良好的表现，即模型具有较强的泛化能力和鲁棒性。

4.4.1 实验数据

为了证明混合 CNN–RNN 模型有良好的数据分类能力，本书选择了 5 组二分类标准数据集进行实证研究，所有标准数据集均来自 UCI 机器学习数据库。该数据库最早由加州大学所建立，被全球的学者们使用在医疗、自然环境和人工智能等诸多领域。5 组标准数据集的相关信息如表 4.2 所示。

表 4.2　UCI 标准数据集

数据集	所属领域	数据数量	数据维度
Cancer	生活	286	9
Diabetes	生活	768	8
Ionosphere	物理	351	34
WBC	生活	683	9
WDBC	生活	569	30

从表 4.2 中可以看出，数据集 Ionosphere 和数据集 Cancer 的数据量相差不多，但数据集 Ionosphere 的维度比数据集 Cancer 高出 25；数据集 WDBC 和数据集 WBC 的数据量相差不多，但数据集 WDBC 的维度比数据集 WBC 高出 21；数据集 WBC 和数据集 Cancer 的维度相同，但是数据集 WBC 的数据量比数据集 Cancer 高出 397；数据集 WDBC 和数据集 Ionosphere 的维度类似，但数据集 WDBC 的数据量比数据集 Ionosphere 高出 218。这样挑选数据集的目的是，测试混合 CNN–RNN 模型在数据量不同、维度不同的实验数据下，是否还能表现出高于其他机器学习模型的性能，从而最大限度地测试混合 CNN–RNN 模型的泛化性和鲁棒性，这也是对本书所构建的混合 CNN–RNN 模型的一个挑战。

4.4.2 参数设置

由于所使用的 5 个标准数据集在数量、维度上有所不同，所以混合 CNN-RNN 模型的相关参数也应随着实验数据的改变而有所调整。调参的重要性不亚于数据预处理，可以说从模型训练效果的优劣来看，调参占了相当大的比重。混合 CNN-RNN 模型对应的 5 个标准数据集的模型参数如表 4.3 所示，其中将批尺寸定义为参数 α，将迭代次数定义为参数 n，将学习率定义为参数 β。批尺寸决定了模型下降的方向，迭代次数决定了模型需要迭代多少次才停止，学习率决定了模型收敛的速度。

表 4.3 混合 CNN-RNN 模型参数设置

数据集	α	n	β
Cancer	128	200	0.001
Diabetes	128	500	0.001
Ionosphere	100	100	0.001
WBC	128	500	0.001
WDBC	128	200	0.001

这里需要强调的是，由于 UCI 数据集和股票数据集的特点有所不同，所以混合 CNN-RNN 模型在针对 UCI 数据集的数据预处理上，没有采用和处理股票数据集一样的正则化预处理，而是选用了更适合于 UCI 数据集的标准化预处理。针对不同模型选择不同的数据预处理方式也是提高模型性能的一个重要方面。标准化预处理的公式如式（4.15）所示，其中 x 代表实验数据，u 代表实验数据的平均值，σ 代表实验数据的标准差。

$$x' = \frac{x - u}{\sigma} \tag{4.15}$$

为了证明混合 CNN-RNN 模型有良好的泛化性和鲁棒性，本书将混合

CNN-RNN 模型与支持向量机模型（SVM）、K 近邻模型（KNN）、朴素贝叶斯模型（NB）、随机树模型（DT）、逻辑斯蒂模型（LR）、PCA-SVM、PCA-KNN、PCA-NB、PCA-DT、PCA-LR、LSTM 和 GRU 这 12 个模型进行了对比。其中，支持向量机是最为经典的二分类模型，在处理非线性的复杂数据时往往有不俗的表现；KNN，简单来说就是使用附近的 K 个样本来表示某一种数据分类的类别，从而执行分类的任务；朴素贝叶斯模型是一种简单的分类模型，主要应用于将不同的文本信息进行分类，如对垃圾短息进行分类处理；随机树模型的核心思想在于建立多个决策树，决策树表明事件发生的概率和影响；逻辑斯蒂模型主要应用于处理具有线性关系的一般数据，解释性和直观性强是该模型的主要优势所在；PCA 算法的主要作用是对原始数据进行降维操作，通过数学算法计算出哪些维度的特征是最重要的，目的在于提高模型的运算速度。在本节中，我们将数据维度降为 5。

这里需要强调的是，由于对比模型的参数调节并不是本书研究的重点，所以对比模型中的大部分参数来自 Python3.7 版本下的 scikit-learn 模块。通过 scikit-learn 模块，研究者可以快速构建出机器学习模型，因为在该模块中已经将各个机器学习模型进行了封装，直接调用即可。而针对对比模型 LSTM 和 GRU，本书随机定义了参数 batch_ size、units 和 epochs，因为这些参数需要研究者手动设置，没有系统的默认参数。相关的对比模型参数设置如表 4.4 所示。

表 4.4 对比模型参数设置

对比模型	参数	参数值
SVM	*kernel*	*rbf*
	gamma	*auto*
	degree	3

续表

对比模型	参数	参数值
KNN	*n_ neighbors*	5
	leaf_ size	30
NB	*alpha*	1
	binarize	0
DT	*criterion*	*gini*
	splitter	*best*
LR	*penalty*	*l2*
	tol	1e- 4
LSTM	*batch_ size*	128
	units	128
	epochs	200
GRU	*batch_ size*	128
	units	64
	epochs	100

4.4.3　实验结果

表 4.5 至表 4.9 展示了混合 CNN-RNN 模型和其他 12 种对比模型在 5 个标准数据集上的准确率、*MSE*、*RMSE*、召回率、F_1 值和 *AUC*，所有指标的最佳结果都被加黑标出。

不难看出，除了在数据集 Diabetes 和数据集 Ionosphere 上，混合 CNN-RNN 模型在所有指标上的性能表现均高于其他对比模型，平均准确率、*MSE*、*RMSE*、召回率、F_1 值和 *AUC* 值分别高达 0.953 7、0.046 3、0.214 9、0.953 7、0.953 7 和 0.949 1。在数据集 Diabetes 作为实验数据的条件下，混合 CNN-RNN 模型在准确率、召回率、F_1 值和 *AUC* 四个指标上显示出了优越的性能，指标值分别高达 0.802 3、0.805 2、0.8013 和

0.771 7，而在 *MSE* 和 RMSE 两个指标上，PCA-KNN 模型的表现更好一些，但也仅仅优于混合 CNN-RNN 模型 0.078 0 和 0.099 7。在数据集 Ionosphere 作为实验数据的条件下，混合 CNN-RNN 模型在准确率、*MSE*、RMSE、召回率和 F_1 值五个指标上显示出了良好的性能，指标值高达 0.947 6、0.057 1、0.239 0、0.942 9 和 0.941 7，而在 *AUC* 指标上，PCA-NB 模型的表现更好一些，但也仅仅优于混合 CNN-RNN 模型 0.022 1。总体来说，混合 CNN-RNN 模型与其他对比模型相比有着更好的性能表现和更强的数据分类能力。

表 4.5　Cancer 数据集实验结果

模型	准确率	*MSE*	RMSE	召回率	F_1 值	*AUC*
CNN-RNN	**0.948 8**	**0.051 1**	**0.226 0**	**0.948 9**	**0.948 8**	**0.944 4**
SVM	0.904 4	0.094 9	0.308 0	0.905 1	0.903 3	0.871 8
KNN	0.941 2	0.058 1	0.241 0	0.932 6	0.937 7	0.936 5
NB	0.920 3	0.080 3	0.283 4	0.919 7	0.920 0	0.908 9
TR	0.904 6	0.094 9	0.308 0	0.905 1	0.904 8	0.885 1
LR	0.876 2	0.124 1	0.352 3	0.875 9	0.871 3	0.824 2
PCA-SVM	0.855 6	0.146 0	0.382 1	0.854 0	0.854 6	0.845 7
PCA-KNN	0.862 0	0.138 7	0.372 4	0.861 3	0.861 6	0.851 3
PCA-NB	0.852 9	0.146 0	0.382 1	0.854 0	0.851 7	0.827 6
PCA-DT	0.826 7	0.175 2	0.418 5	0.824 8	0.825 6	0.813 9
PCA-LR	0.837 7	0.160 6	0.400 7	0.839 4	0.837 8	0.816 2
LSTM	0.431 6	0.343 1	0.585 7	0.656 9	0.520 9	0.500 0
GRU	0.801 8	0.197 1	0.443 9	0.802 9	0.793 7	0.748 3

表 4.6　Diabetes 数据集实验结果

模型	准确率	*MSE*	RMSE	召回率	F_1 值	*AUC*
CNN-RNN	**0.802 3**	0.194 8	0.441 4	**0.805 2**	**0.801 3**	**0.771 7**
SVM	0.413 3	0.357 1	0.597 6	0.642 9	0.503 1	0.500 0

续表

模型	准确率	*MSE*	*RMSE*	召回率	F_1 值	*AUC*
KNN	0. 657 9	0. 324 7	0. 569 8	0. 675 3	0. 654 1	0. 606 1
NB	0. 607 1	0. 357 1	0. 597 6	0. 642 9	0. 591 8	0. 544 4
TR	0. 666 2	0. 324 7	0. 569 8	0. 675 3	0. 668 9	0. 630 3
LR	0. 623 9	0. 350 6	0. 592 6	0. 649 4	0. 547 8	0. 521 2
PCA-SVM	0. 405 0	0. 122 8	0. 350 4	0. 636 4	0. 494 9	0. 500 0
PCA-KNN	0. 706 5	**0. 116 8**	**0. 341 7**	0. 714 3	0. 707 2	0. 672 2
PCA-NB	0. 670 1	0. 145 6	0. 381 1	0. 668 8	0. 669 4	0. 644 1
PCA-DT	0. 625 7	0. 156 5	0. 395 6	0. 629 9	0. 627 6	0. 594 4
PCA-LR	0. 584 5	0. 137 8	0. 371 1	0. 629 9	0. 561 7	0. 525 5
LSTM	0. 651 2	0. 357 1	0. 597 6	0. 642 9	0. 520 5	0. 512 8
GRU	0. 405 0	0. 363 6	0. 603 0	0. 636 4	0. 494 9	0. 500 0

表 4. 7　Ionosphere 数据集实验结果

模型	准确率	*MSE*	*RMSE*	召回率	F_1 值	*AUC*
CNN-RNN	**0. 947 6**	**0. 057 1**	**0. 239 0**	**0. 942 9**	**0. 941 7**	0. 923 1
SVM	0. 857 2	0. 183 1	0. 427 9	0. 816 9	0. 796 1	0. 740 0
KNN	0. 894 3	0. 112 7	0. 335 7	0. 887 3	0. 883 1	0. 849 1
NB	0. 831 5	0. 197 2	0. 444 1	0. 802 8	0. 807 0	0. 820 4
DT	0. 930 6	0. 070 4	0. 265 4	0. 929 6	0. 929 9	0. 927 4
LR	0. 918 4	0. 084 5	0. 290 7	0. 915 5	0. 913 6	0. 889 1
PCA-SVM	0. 937 4	0. 098 6	0. 314 0	0. 929 6	0. 928 6	0. 919 4
PCA-KNN	0. 908 1	0. 126 8	0. 356 0	0. 901 4	0. 900 0	0. 890 7
PCA-NB	0. 938 0	0. 084 5	0. 290 7	0. 937 7	0. 937 7	**0. 945 2**
PCA-DT	0. 882 9	0. 211 3	0. 459 6	0. 873 2	0. 873 7	0. 880 2
PCA-LR	0. 938 8	0. 126 8	0. 356 0	0. 933 7	0. 941 0	0. 935 5
LSTM	0. 655 1	0. 338 0	0. 581 4	0. 662 0	0. 649 6	0. 628 9
GRU	0. 699 3	0. 338 0	0. 581 4	0. 662 0	0. 605 5	0. 596 9

表 4.8   WBC 数据集实验结果

模型	准确率	*MSE*	*RMSE*	召回率	*F₁* 值	*AUC*
CNN-RNN	**0.956 2**	**0.043 8**	**0.209 3**	**0.956 2**	**0.956 2**	**0.953 8**
SVM	0.904 4	0.094 9	0.308 0	0.905 1	0.903 3	0.871 8
KNN	0.948 7	0.051 1	0.226 0	0.948 9	0.948 7	0.936 6
NB	0.920 3	0.080 3	0.283 4	0.919 7	0.920 0	0.908 9
DT	0.889 2	0.109 5	0.330 9	0.890 5	0.889 3	0.861 3
LR	0.876 2	0.124 1	0.352 3	0.875 9	0.871 3	0.824 2
PCA-SVM	0.855 6	0.146 0	0.382 1	0.854 0	0.854 6	0.845 7
PCA-KNN	0.862 0	0.138 7	0.372 4	0.861 3	0.861 6	0.851 3
PCA-NB	0.852 9	0.146 0	0.382 1	0.854 0	0.851 7	0.827 6
PCA-DT	0.832 9	0.167 9	0.409 7	0.832 1	0.832 5	0.819 6
PCA-LR	0.837 7	0.160 6	0.400 7	0.839 4	0.837 8	0.816 2
LSTM	0.700 4	0.292 0	0.540 3	0.708 0	0.702 8	0.660 9
GRU	0.806 0	0.211 7	0.460 1	0.788 3	0.766 0	0.706 7

表 4.9   WDBC 数据集实验结果

模型	准确率	*MSE*	*RMSE*	召回率	*F₁* 值	*AUC*
CNN-RNN	**0.956 0**	**0.043 9**	**0.209 4**	**0.956 1**	**0.956 0**	**0.949 0**
SVM	0.355 8	0.403 5	0.635 2	0.596 5	0.445 7	0.500 0
KNN	0.881 8	0.122 8	0.350 4	0.877 2	0.874 8	0.858 4
NB	0.829 3	0.184 2	0.429 2	0.815 8	0.817 5	0.824 9
DT	0.939 0	0.061 4	0.247 8	0.938 6	0.938 7	0.938 0
LR	0.826 0	0.245 6	0.495 6	0.754 4	0.721 6	0.695 6
PCA-SVM	0.896 6	0.105 3	0.324 4	0.894 7	0.892 9	0.874 2
PCA-KNN	0.912 9	0.087 7	0.296 2	0.912 3	0.911 3	0.897 5
PCA-NB	0.907 2	0.096 5	0.310 6	0.903 5	0.901 5	0.881 3
PCA-DT	0.912 0	0.087 7	0.296 2	0.912 3	0.911 8	0.902 1
PCA-LR	0.896 6	0.105 3	0.324 4	0.894 7	0.892 9	0.874 2
LSTM	0.432 8	0.342 1	0.584 9	0.657 9	0.522 1	0.500 0
GRU	0.432 8	0.342 1	0.584 9	0.657 9	0.522 1	0.500 0

4.5 基于股票市场指标数据的实证研究

4.5.1 实验数据

本书通过网络爬虫的方式获取了 6 只股票从 2017 年 10 月 19 日至 2020 年 3 月 27 日的日均基础数据，如开盘价、最低价等。这 6 只股票分别为平安银行（000001）、万科 A（000002）、中金环境（300145）、中信证券（600030）、中国联通（600050）和中国石油（601857）。在获取基础数据的基础上，根据第 3 章所介绍的股票市场指标计算公式，计算得出 MTM、MA、EMA、MACD、RSI、ATR、ADX、WR 和 CCI 这九个股票市场指标作为实验数据。正则化等预处理方式在此不再赘述。

4.5.2 参数设置

混合 CNN-RNN 的良好性能表现取决于相关参数的设置，即批尺寸 α，迭代次数 n 和学习率 β。本节针对不同参数设置对混合 CNN-RNN 模型性能表现的影响进行了探讨，性能表现的好坏以 MSE 指标值作为判定依据，因为 MSE 指标值可以清楚地反映模型的拟合效果，相比于其他评估指标有更高的可信度。通过 20 次独立重复实验取平均值的方法获取调参结果，调参结果如表 4.10 至表 4.12 所示，其中最佳 MSE 值被加黑标出。当探讨 α 对模型的影响时，$\alpha = 128$ 时取得最小 MSE 值为 0.25；当探讨 n 对模型的影响时，$n = 500$ 时取得最小 MSE 值为 0.325；当探讨 β 对模型的影响时，$\beta = 0.001$ 时取得最小 MSE 值为 0.275。由此可见，混合 CNN-RNN 模型的最优参数为 $\alpha = 128$，$n = 500$，$\beta = 0.001$。这里需要强调的是，由于不同股票之间的股票市场指标数据的属性和特征差别不大，所以对于这 6

只股票的市场指标数据，混合 CNN-RNN 模型采用的参数设置是相同的，这样避免了不必要的工作。

表4.10　当 $n = 500$，$\beta = 0.05$ 时，不同 α 对模型的影响

α	30	50	100	128	150
MSE	0.400 0	0.400 0	0.350 0	**0.250 0**	0.400 0
运行时间（s）	89.41	70.93	49.50	46.13	44.23

表4.11　当 $\alpha = 128$，$\beta = 0.05$ 时，不同 n 对模型的影响

n	100	200	300	400	500
MSE	0.391 7	0.400 0	0.358 3	0.350 0	**0.325 0**
运行时间（s）	20.79	26.44	32.02	40.81	49.49

表4.12　当 $\alpha = 128$，$n = 500$ 时，不同 β 对模型的影响

β	0.001	0.005	0.010	0.050	0.100
MSE	**0.275 0**	0.283 3	0.308 3	0.600 0	0.600 0
运行时间（s）	44.24	43.43	46.35	41.91	42.98

4.5.3　实验结果

表4.13 展示了混合 CNN-RNN 模型和其他 12 种对比模型在 6 只股票的市场指标数据上的准确率、MSE 值和 AUC 值，所有指标上的最佳结果被加黑标出。这里需要说明的是，在本节中 PCA 算法中的主成分个数 $n\_\ components = 3$。

表4.13　股票市场指标数据实验结果

股票代码	000001			000002		
模型	准确率	MSE	AUC	准确率	MSE	AUC
CNN-RNN	**0.765 5**	**0.245 0**	**0.746 5**	**0.735 1**	**0.277 3**	**0.728 9**
SVM	0.717 9	0.283 3	0.714 7	0.704 6	0.310 9	0.696 6

续表

股票代码	000001			000002		
模型	准确率	*MSE*	*AUC*	准确率	*MSE*	*AUC*
KNN	0.736 4	0.266 7	0.730 8	0.697 8	0.310 9	0.693 4
NB	0.686 8	0.316 7	0.680 2	0.683 5	0.319 2	0.681 1
DT	0.723 8	0.283 3	0.713 0	0.625 6	0.437 0	0.567 1
LR	0.741 6	0.258 3	0.741 1	0.703 9	0.302 5	0.698 5
PCA-SVM	0.741 8	0.258 3	0.740 5	0.726 3	0.294 1	0.715 1
PCA-KNN	0.721 3	0.283 3	0.713 6	0.647 1	0.352 9	0.644 0
PCA-NB	0.741 6	0.258 3	0.741 1	0.702 3	0.319 3	0.690 5
PCA-DT	0.641 7	0.366 7	0.631 8	0.620 3	0.386 6	0.616 4
PCA-LR	0.742 6	0.258 3	0.739 9	0.724 8	0.285 7	0.719 7
LSTM	0.607 5	0.391 7	0.604 4	0.615 5	0.395 0	0.610 3
GRU	0.649 5	0.350 0	0.647 5	0.553 7	0.462 2	0.547 2
股票代码	300145			600030		
模型	准确率	*MSE*	*AUC*	准确率	*MSE*	*AUC*
CNN-RNN	**0.722 8**	**0.277 2**	**0.721 9**	**0.743 4**	**0.254 2**	**0.755 0**
SVM	0.587 0	0.415 8	0.584 9	0.674 5	0.330 5	0.669 2
KNN	0.674 6	0.336 6	0.668 6	0.703 4	0.296 6	0.702 2
NB	0.613 4	0.386 1	0.611 3	0.715 9	0.305 1	0.705 6
DT	0.666 2	0.336 6	0.664 5	0.653 4	0.347 5	0.647 2
LR	0.613 4	0.386 1	0.611 3	0.741 6	0.271 2	0.735 4
PCA-SVM	0.593 3	0.415 8	0.589 0	0.680 3	0.669 5	0.673 8
PCA-KNN	0.579 8	0.425 7	0.577 0	0.707 5	0.694 9	0.700 9
PCA-NB	0.625 0	0.376 2	0.623 3	0.718 0	0.711 9	0.713 5
PCA-DT	0.575 5	0.435 6	0.570 5	0.670 5	0.652 5	0.661 3
PCA-LR	0.633 2	0.366 3	0.631 2	0.741 6	0.728 8	0.735 4
LSTM	0.673 1	0.326 7	0.672 7	0.626 5	0.372 9	0.623 6
GRU	0.683 2	0.316 8	0.682 9	0.645 2	0.355 9	0.638 8

续表

股票代码	600050			601857		
模型	准确率	*MSE*	*AUC*	准确率	*MSE*	*AUC*
CNN-RNN	**0.716 4**	**0.287 1**	**0.714 6**	**0.720 2**	**0.275 0**	**0.716 1**
SVM	0.664 1	0.336 6	0.662 9	0.625 6	0.383 3	0.618 8
KNN	0.704 5	0.297 0	0.703 3	0.698 9	0.300 0	0.692 3
NB	0.664 1	0.336 6	0.662 9	0.635 1	0.366 7	0.629 0
DT	0.625 1	0.376 2	0.623 1	0.630 0	0.375 0	0.623 9
LR	0.664 1	0.336 6	0.662 9	0.719 1	0.308 3	0.704 9
PCA-SVM	0.643 6	0.356 4	0.643 5	0.662 0	0.350 0	0.655 0
PCA-KNN	0.666 1	0.336 6	0.663 9	0.707 7	0.291 7	0.701 9
PCA-NB	0.643 6	0.356 4	0.643 5	0.718 2	0.283 3	0.713 8
PCA-DT	0.663 4	0.336 6	0.663 3	0.719 8	0.283 3	0.714 0
PCA-LR	0.664 1	0.336 6	0.662 9	0.720 0	0.291 7	0.715 1
LSTM	0.647 0	0.356 4	0.644 3	0.672 4	0.333 3	0.657 8
GRU	0.614 6	0.386 1	0.611 7	0.676 3	0.325 0	0.660 9

结果表明，混合 CNN-RNN 模型在准确率、*MSE* 值和 *AUC* 值三个指标上的性能表现均优于其他 12 个对比模型，其中准确率指标的平均值达到 0.733 9，*MSE* 指标的平均值达到 0.269 3，*AUC* 指标的平均值达到 0.730 5，这说明混合 CNN-RNN 模型所预测的预测标签最接近于实际标签。在实证过程中我们发现，有一些对比模型在某些数据集上有着与混合 CNN-RNN 模型相近的性能表现，如中信证券股票指标作为实验数据时，LR 模型在准确率上只比混合 CNN-RNN 模型低 0.001 8；中国石油股票指标作为实验数据时，PCA-TR 在 *AUC* 值上只比混合 CNN-RNN 模型低 0.002 1。但综合来看，混合 CNN-RNN 模型在多数数据集中均表现出强分类能力，这是其他对比模型所不具备的，也就是说本书所提出的混合

CNN-RNN 模型在股票择时问题上有着更强的泛化性和鲁棒性，是值得信赖的股票择时模型。

混合 CNN-RNN 模型在训练这些股票市场指标数据过程中的准确率和损失函数值的变化情况如图 4.16 至图 4.21 所示。

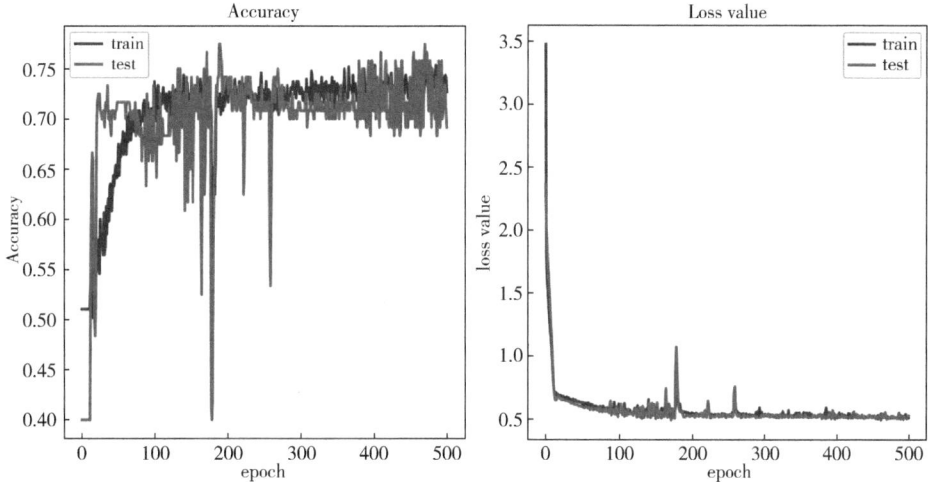

图 4.16　准确率和损失函数的变化情况（平安银行）

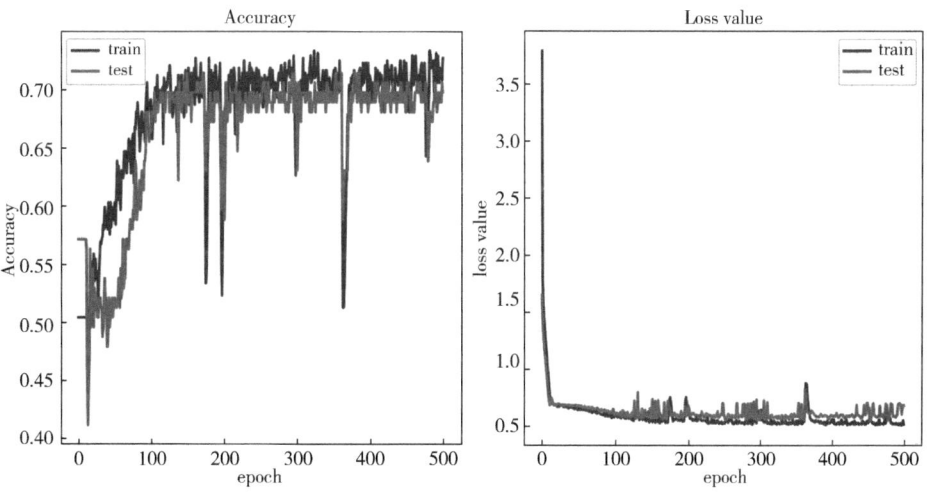

图 4.17　准确率和损失函数的变化情况（万科 A）

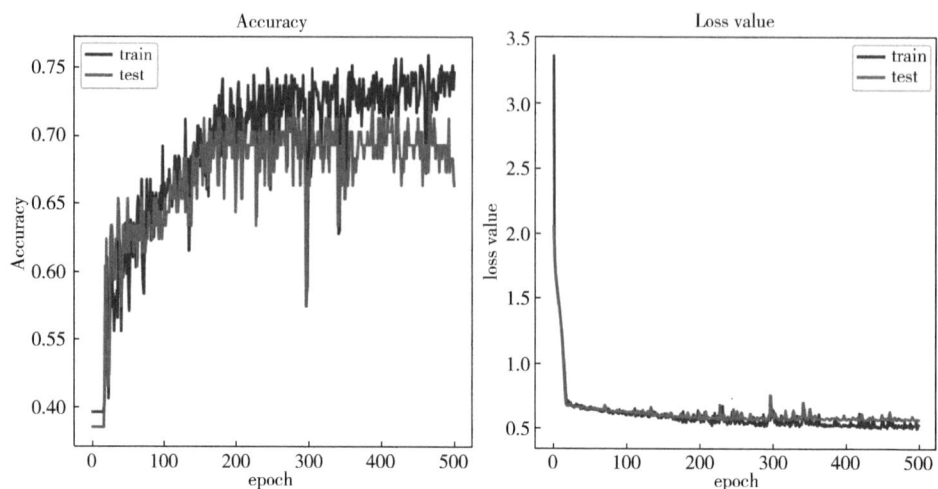

图 4.18　准确率和损失函数的变化情况（中金环境）

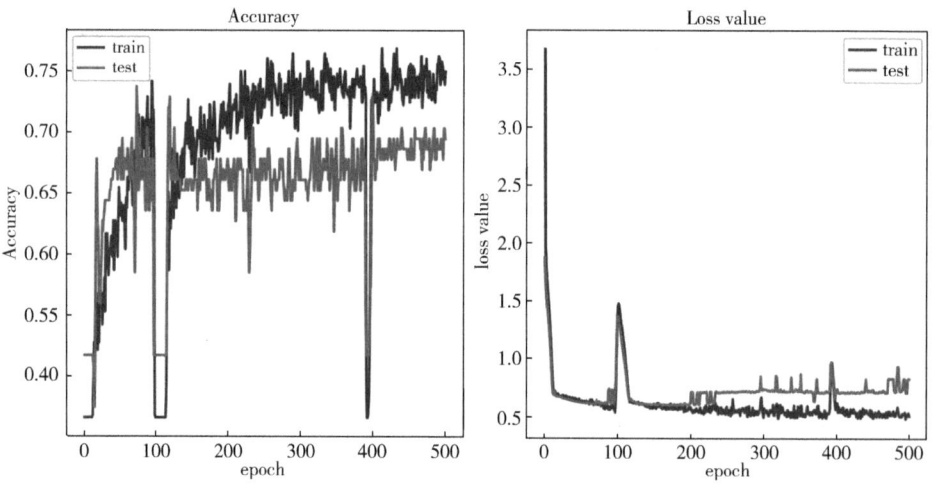

图 4.19　准确率和损失函数的变化情况（中信证券）

从图中不难看出，平安银行、万科 A、中金环境和中国联通在准确率这个指标上，训练集和验证集拟合程度基本相同。但中信证券和中国石油在准确率指标上，训练集和验证集拟合程度有一定的出入，验证集的准确

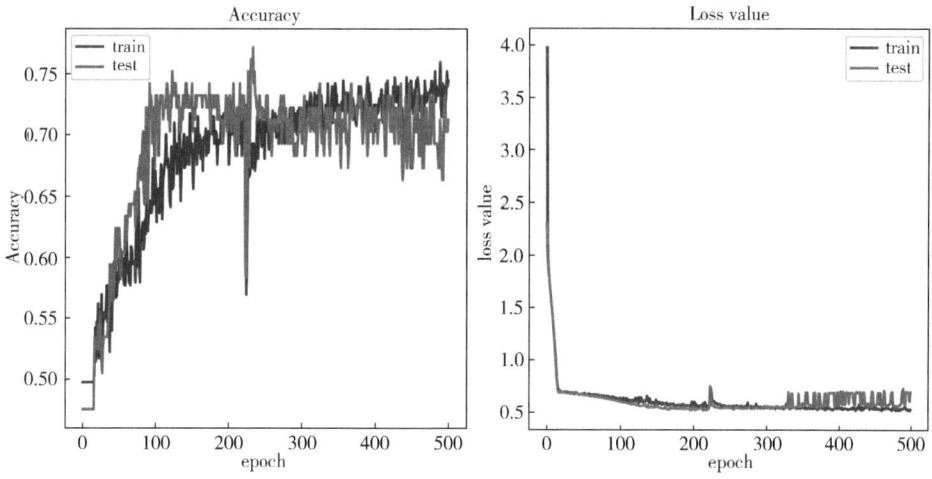

图 4.20　准确率和损失函数的变化情况（中国联通）

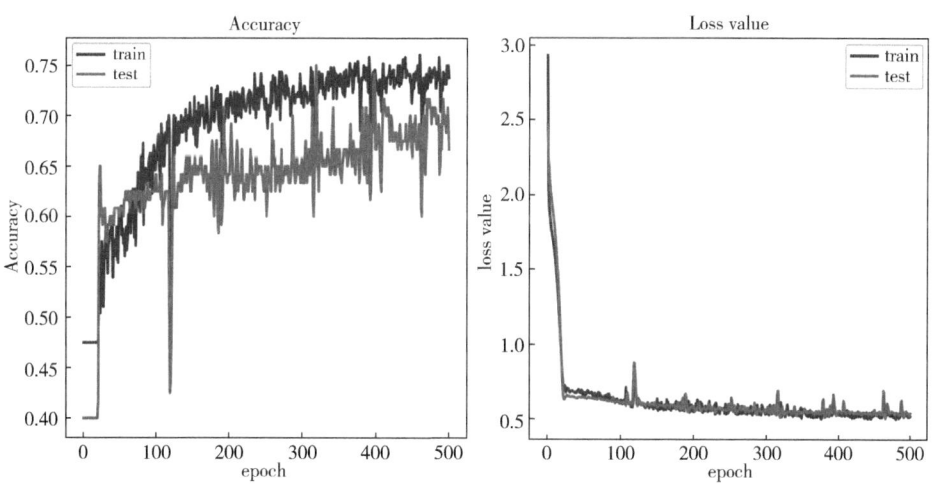

图 4.21　准确率和损失函数的变化情况（中国石油）

率低于训练集 5%左右。这并不是说明模型训练效果不好，而是和训练数据的数量、训练集，以及验证集的划分标准和迭代次数有关，总体来说，当迭代到 500 次左右时，准确率基本稳定且准确率上升趋势相同，从而可

以看出混合 CNN–RNN 模型的训练效果是可靠的。从损失函数这个指标来看，平安银行、万科 A、中金环境、中国联通和中国石油的训练集和验证集拟合程度基本相同，维持在较低水平，模型的训练效果良好。但中信证券在损失函数这个指标上，验证集比训练集高约 0.25，在不考虑上述提到的客观情况下，这也体现出了不同股票具有不同的特点，在使用相同的模型进行训练时，数据的敏感性和有效性也不尽相同。但从整体来看，混合 CNN–RNN 模型是值得信赖的股票择时模型。

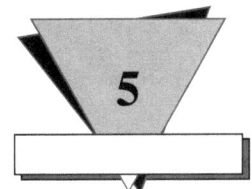

5

结论与展望

5.1　结论

本书最先研究了支持向量机、量化择时策略和我国市场有效性的相关理论，然后针对萤火虫算法在优化问题中存在的不足进行改进，该研究专注于改进 FA 算法的动态搜索能力，提出 MFA 算法，将 MFA 算法应用于变量的选取及参数寻优，期待得到更出色的择时效果。最后系统地构建了基于 MFA-SVM 的量化择时模型并加以实证。研究发现，萤火虫算法（FA）在处理高维度寻优任务时存在两个缺陷：萤火虫个体之间的吸引度较低，导致算法在迭代前期容易陷入局部最优的困境；萤火虫算法在迭代后期寻优精度较低。针对存在的缺陷，本书提出了一种动态搜索萤火虫算法：首先引入最小吸引度，用于寻优前期增加萤火虫之间信息交流的可能性；然后应用动态搜索，根据目标函数最优值信息，使萤火虫自适应调整迭代步长。实证结果证明，改进萤火虫算法（MFA）在寻优效率及稳定性上较原来都有明显提升。

与此同时，本书采取 MFA 算法对择时模型中 SVM 的惩罚参数 C 进行了优化，使得普通的 SVM 变为更符合现实应用的加权支持向量机（WSVM）。同时，改进的 MFA 还对径向基核函数（RBF）中的参数 g 进行了优化，使得模型复杂度得以有效降低。本书通过改进萤火虫算法，选取股票指标以及对支持向量机进行参数寻优，构建了 MFA-SVM 模型，最后将 MFA-SVM 择时模型进行对比分析，在不同的个股及股指情况下，通过对模型择时能力的分析与买入持有策略的对比，证明 MFA-SVM 择时模型表现优异，该量化择时模型可以较好地提高股票投资收益的能力。本书目前未能将技术指标与宏观数据进行结合，因此数据的综合解释能力有待提高。然而，本书将 MFA 和 SVM 等算法应用于择时策略的模型构建，对于

进一步补充择时模型的多样性以及股票择时的实践具有一定的参考价值。

本书研究的 MFA-SVM 量化择时模型，在充分说明指标选取科学性的基础之上，选择了适合我国股市投资的择时类型，并以此为依据做出择时策略。本书将改进的萤火虫算法用于支持向量机的优化，并将该模型应用于量化择时场景之中，从而在股票投资领域出现了新的使用工具。该工具结合了量化择时策略、萤火虫算法及支持向量机，充分发挥三者的优势，构建的 MFA-SVM 择时模型克服了传统择时交易中的缺陷，将量化择时的理论付诸实践，为量化投资的研究者提供了更多的参考思路和模型。创新点主要包括构建择时模型的策略，改进的 MFA 算法及 SVM 的参数优化。本书认为，这些组成了 MFA-SVM 择时策略模型的核心。

在实证部分，本书使用了平安银行、中信证券、中证 500 指数、创业板指数和沪深 300 指数作为实证对象进行训练与测试，分析 MFA-SVM 择时模型的效果，并与买入持有策略、标准 FA-SVM、GA-SVM 和 PSO-SVM 模型进行比较，从模型的准确率及收益评价指标来看，MFA-SVM 择时模型表现较优，本书所构建的 MFA-SVM 股票择时模型是有效可行的。

进一步，通过文献调研，找到了混合 CNN-RNN 模型的理论依据和混合 CNN-RNN 模型在股票择时领域研究的空白。针对这种情况，本书开创性地提出了一种适用于股票择时问题的混合 CNN-RNN 模型，该模型由一维 CNN 模块（卷积层和池化层）、RNN 模块（双层 LSTM 和双层 GRU）、ReLU 激活函数层组成。为了提高模型的分类精度，本书通过 20 次独立重复实验取平均值的方法，给出了混合 CNN-RNN 模型的最优参数，如迭代次数、批尺寸和学习率。此外，通过测试 UCI 机器学习库中的 5 个二分类数据集并且与 12 个模型进行对比的方法来证明，混合 CNN-RNN 模型有良好的数据分类能力。最后，通过对 6 只股票进行测试并且与 12 个模型进行对比的方法来证明，在模型准确率、MSE 值和 AUC 值三个指标上，混

合 CNN–RNN 模型的表现明显优于其他 12 个对比模型。结果表明，本书所提出的混合 CNN–RNN 模型是值得信赖的、有效的股票择时模型。

5.2 展望

本书对于策略模型的实证研究，机器学习阶段采用股市处于大幅波动时的数据作为训练数据，而预测阶段的检验数据则为股市相对平稳时所采数据。由于数据的局限性和历史数据的特点，策略测试中存在一些不足。

未来基于混合 CNN–RNN 模型的股票择时可从以下几个方面进行拓展：应用特征提取的预处理方法来优化混合 CNN–RNN 模型的相关参数，例如因子分析法和线性判别分析法等；将 CNN 和 LSTM 的其他变体相结合，提出一种泛化能力更强、分类效果更好的混合 CNN–RNN 模型；应用混合 CNN–RNN 模型研究股票择时的多分类问题，如将股票的涨跌情况分为大涨、小涨、大跌和小跌四类；应用混合 CNN–RNN 模型研究其他领域的问题，如破产预测和语音识别等。同时，可以将算法进行相互混合优化构造出很多混合策略模型，混合不同的策略模型不但可能得到更优的预测结果，对提高策略的多样性以及改进算法也有很大的帮助。实际上，业内最先进的量化投资策略往往是混合型策略模型。本书认为，随着越来越多人工智能算法的涌现及成熟发展，将其应用于股票市场的择时投资必然会受到投资者的欢迎，我国股票的量化择时交易有着广阔的发展空间，前景大好。

参考文献

［1］史代敏．上海股票市场波动的周内效应［J］．数量经济技术经济研究，2003，20（6）：154-157.

［2］王美今，孙建军．中国股市收益、收益波动与投资者情绪［J］．经济研究，2004（10）：75-83.

［3］曾劲松．技术分析与中国股票市场有效性［J］．财经问题研究，2005（8）：29-32.

［4］陈江鹏．基于网络舆论的我国股票市场有效性检验研究［D］．成都：西南财经大学，2013.

［5］曲文龙，樊广佺，杨炳儒．基于支持向量机的复杂时间序列预测研究［J］．计算机工程，2005（23）：11-13.

［6］张玉川，张作泉．支持向量机在股票价格预测中的应用［J］．北京交通大学学报，2007（6）：77-80.

［7］李云飞，惠晓峰．基于支持向量机的股票投资价值分类模型研究［J］．中国软科学，2008（1）：135-140.

［8］张登明．技术指标投资策略的优化及其在量化交易中的应用［D］．武汉：华中科技大学，2010.

［9］邹振华．基于文本挖掘的量化投资系统［D］．广州：华南理工大学，2013.

［10］萧嵘，王继成，孙正兴，等．一种SVM增量学习算法［J］．南京大学学报（自然科学），2002，38（2）：152-157.

［11］奉国和，黄榕波，罗泽举，等．基于支持向量机的分解合作的加权算法及其应用［J］．计算机科学，2005，32（4）：93-95.

［12］冯振华，杨洁明. SVM 回归的参数选择探讨［J］. 机械工程与自动化，2007（3）：17-22.

［13］隋学深，齐中英. 基于多尺度特征和支持向量机的股市趋势预测［J］. 哈尔滨工业大学学报（社会科学版），2008（4）：83-88.

［14］王彦峰，高风. 基于支持向量机的股市预测［J］. 计算机仿真，2006（11）：262-264.

［15］阎纲. 支持向量机在股市预测中的应用［J］. 科学技术与工程，2008，8（2）：507-509.

［16］黄朋朋，韩伟力. 基于支持向量机的股价反转点预测［J］. 计算机系统应用，2010（9）：216-220.

［17］徐国祥，杨振建. PCA-GA-SVM 模型的构建及应用研究：沪深300 指数预测精度实证分析［J］. 数量经济技术经济研究，2011（2）：135-147.

［18］李子睿. 量化投资交易策略研究［D］. 天津：天津大学，2013.

［19］丁鹏. 量化投资亦能成为稳定市场的利器［J］. 中国经济周刊，2015（31）：82-83.

［20］杨青，王雪华，唐庆国. 基于深度学习方法改进的中国 A 股市场动量策略研究［J］. 广西财经学院学报，2019（3）：20.

［21］张兵，李晓明. 中国股票市场的渐进有效性研究［J］. 经济研究，2003（1）：54-61，87，94.

［22］边俊仙. 基于因子分析的股票技术指标评价［J］. 经济研究导刊，2019（14）：136-137.

［23］魏欣欣，徐悦，张诗雅. 股票基本面指数的优化研究［J］. 中国商论，2019（14）：4.

［24］白鹏．支持向量机理论及工程应用实例［M］．西安：西安电子科技大学出版社，2008．

［25］叶晨洲，杨杰，姚莉秀．统计学习理论的原理与应用，计算机与应用化学［J］．2002，19（6）：712-716．

［26］李凤玲，陈珊，范兴江，等．基于萤火虫算法动态未知环境的路径规划［J］．自动化与仪表，2019（6）：53-58．

［27］李素，袁志高，王聪，等．群智能算法优化支持向量机参数综述［J］．智能系统学报，2018，13（1）：70-84．

［28］中国人民银行研究局课题组．中国股票市场发展与货币政策完善［J］．金融研究，2002（4）：1-12．

［29］梁琪李，李政，郝项超．中国股票市场国际化研究：基于信息溢出的视角［J］．经济研究，2015（4）：150-164．

［30］陈健，宋文达．量化投资的特点、策略和发展研究［J］．时代金融，2016（29）：245-247．

［31］柯冰，钱省三．聚类分析和因子分析在股票研究中的应用［J］．上海理工大学学报，2002（4）：65-68．

［32］傅航聪，张伟．机器学习算法在股票走势预测中的应用［J］．软件导刊，2017（10）：35-38，50．

［33］何清，李宁，罗文娟，等．大数据下的机器学习算法综述［J］．模式识别与人工智能，2014（4）：327-336．

［34］张素芳，翟俊海，王聪，等．大数据与大数据机器学习［J］．河北大学学报（自然科学版），2018（3）：299-308．

［35］李慧兰．基于数据挖掘的量化投资策略实证研究［D］．杭州：浙江大学，2014．

［36］刘景芬．聚类分析在股票研究中的应用［J］．天津工业大学学

报, 1995 (4)：82-86.

[37] 王波, 张凤玲．神经网络与时间序列模型在股票预测中的比较 [J]．武汉理工大学学报（信息与管理工程版）, 2005 (6)：69-73.

[38] 台文志．利用马尔可夫链模型预测股票市场的近期走势 [J]．西南民族大学学报（自然科学版）, 2008 (3)：477-481.

[39] 赵国顺．基于时间序列分析的股票价格趋势预测研究 [D]．厦门：厦门大学, 2009.

[40] 刘利, 何先平, 袁文亮．股票择时中 Wrapper 方法的研究与应用 [J]．计算机技术与发展, 2010 (1)：213-216.

[41] 李玉梅．基于互联网评论的股票市场趋势预测 [D]．哈尔滨：哈尔滨工业大学, 2012.

[42] 郑献卫, 张贺．基于组合预测模型的股票价格趋势预测 [J]．工业控制计算机, 2014 (6)：121-122.

[43] 胡照跃, 白艳萍．基于遗传算法与 BP 神经网络的股票预测 [J]．数字技术与应用, 2016 (3)：146.

[44] 刘书朋, 陈志强, 陈娜, 等．一组基于 Tensorflow 的 CNN-RNN 的融合架构实验 [J]．工业控制计算机, 2019 (8)：70-72.

[45] 王丽亚, 刘昌辉, 蔡敦波, 等．基于 CNN-BiLSTM 网络引入注意力模型的文本情感分析 [J]．武汉工程大学学报, 2019 (4)：386-391.

[46] 翁建新, 赵知劲, 占锦敏．利用并联 CNN-LSTM 的调制样式识别算法 [J]．信号处理, 2019 (5)：146-152.

[47] 陈德鑫, 占袁圆, 杨兵, 等．基于 CNN-BiLSTM 模型的在线医疗实体抽取研究 [J]．图书情报工作, 2019 (12)：105-113.

[48] 尹宝才, 王文通, 王立春．深度学习研究综述 [J]．北京工业大学学报, 2015 (1)：48-59.

［49］夏克文，李昌彪，沈钧毅．前向神经网络隐含层节点数的一种优化算法［J］．计算机科学，2005（10）：143-145.

［50］刘曙光，郑崇勋，刘明远．前馈神经网络中的反向传播算法及其改进：进展与展望［J］．计算机科学，1996（1）：76-79.

［51］王山海，景新幸，杨海燕．基于深度学习神经网络的孤立词语音识别的研究［J］．计算机应用研究，2015（8）：55-57，64.

［52］李彦冬，郝宗波，雷航．卷积神经网络研究综述［J］．计算机应用，2016（9）：2508-2515.

［53］常亮，邓小明，周明全，等．图像理解中的卷积神经网络［J］．自动化学报，2016（9）：18-30.

［54］刘龙飞，杨亮，张绍武，等．基于卷积神经网络的微博情感倾向性分析［J］．中文信息学报，2015（6）：159-165.

［55］刘海龙，李宝安，吕学强，等．基于深度卷积神经网络的图像检索算法研究［J］．计算机应用研究，2017（12）：302-305.

［56］朱煜，赵江坤，王逸宁，等．基于深度学习的人体行为识别算法综述［J］．自动化学报，2016（6）：848-857.

［57］陈涵，邓长虹，李大路，等．基于循环神经网络的动态等值模型辨识［J］．高电压技术，2008（5）：1001-1004.

［58］余传明．基于深度循环神经网络的跨领域文本情感分析［J］．图书情报工作，2018（11）：23-34.

［59］杨丽，吴雨茜，王俊丽，等．循环神经网络研究综述［J］．计算机应用，2018（2）：6-11，31.

［60］司念文，王衡军，李伟，等．基于注意力长短时记忆网络的中文词性标注模型［J］．计算机科学，2018（4）：72-76，88.

［61］张忠豪，孙水发．基于门控循环单元的语音识别研究［J］．信

息通信, 2019 (3)：131-133.

[62] 刘松, 彭勇, 邵毅明, 等. 基于门控递归单元神经网络的高速公路行程时间预测 [J]. 应用数学和力学, 2019 (11)：1289-1298.

[63] 张智明, 张仁杰. 神经网络激活函数及其导数的 FPGA 实现 [J]. 现代电子技术, 2018 (18)：146-149.

[64] 张国敏, 殷建平, 祝恩, 等. 一种新的多层感知机隐含层神经元个数上限计算方法 [J]. 计算机工程与科学, 2007 (9)：137-139.

[65] 高鹰, 谢胜利. 一种变步长 LMS 自适应滤波算法及分析 [J]. 电子学报, 2001 (8)：1094-1097.

[66] 罗鹏, 李会方. 基于 Tanh 多层函数的量子神经网络算法及其应用的研究 [J]. 计算机与数字工程, 2012 (1)：4-6.

[67] 赵慧珍, 刘付显. 一种新的深度卷积神经网络的 SLU 函数 [J]. 哈尔滨工业大学学报, 2018 (4)：117-123.

[68] LI Q, WANG T J, GONG Q X, et al. Media-aware quantitative trading based on public web information [J]. Decision support systems, 2017, 61：93-105.

[69] TAY F, CAO L J. Improved financial time series forecasting by combining Support Vector Machines with self-organizing feature map [J]. Intelligent data analysis, 2008, 5 (4)：339-354.

[70] THAWORNWONG S, ENKE D. The adaptive selection of financial and economic variables for use with artificial neural networks [J]. Aichi gakuin daigaku shigakkai shi, 2015, 56 (1)：205-232.

[71] CORTES C, VAPNIK C. Support vector networks [J]. Machine learning, 1995, 20 (3)：273-297.

[72] OSUNA E. Training support vector machines：an application to face

detection [J] . Proc of computer vision and pattern recognition, 2000.

[73] JOACHIMS T. Making large-scale support vector machine learning practical [J] . Technical reports, 1998, 8 (3): 499-526.

[74] PLATT J C. Fast training of support vector machines using sequential minimal optimization [J] . Support vector learning, 1999.

[75] MANGASARIAN L. Data discrimination via nonlinear generalized support vector machines [J] . Complementarity: applications, algorithms and extensions, 2001.

[76] HOLY T , JAKUBEK J , POSPISIL S , et al. Data acquisition and processing software package for Medipix2 [J] . Nuclear instruments & methods in physics research, 2006, 563 (1): 254-258.

[77] FARAHANI S M, ABSHOURI A A, NASIRI B, et al. A gaussian firefly algorithm [J]. International journal of machine learning and computing, 2011, 1 (5) : 448-453.

[78] GANDOMI A H, YANG X S, TALATAHARI S, et al. Firefly algorithm with chaos [J]. Communications in nonlinear science and numerical simulation, 2013, 18 (1) : 89-98.

[79] YU S H, ZHU S L, MA Y, et al. A variable step size firefly algorithm for numerical optimization [J]. Applied mathematics and computation, 2015, 263: 214-220.

[80] LANCICHINETTI A, FORTUNATO, S, RADICCHI F. Benchmark graphs for testing community detection algorithms [J] . Physical review E. Statistical nonlinear & soft matter physics, 2008: 78.

[81] POWELL N, FOO S Y, WEATHERSPOON M. Supervised and Unsupervised methods for stock trend forecasting [J] . Proceedings of the

annual southeastern symposium on system theory, 2008 (40): 203-205.

［82］ EBRAHIMPOUR R, NIKOO H, MASOUDNIA S, et al. Mixture of MLP-experts for trend forecasting of time series: a case study of the Tehran stock exchange ［J］. International journal of forecasting, 2011, 27 (3): 804-816.

［83］ CHANG P C, WANG D D, ZHOU C L. A novel model by evolving partially connected neural network for stock price trend forecasting ［J］. Expert systems with applications, 2012, 39 (1): 611-620.

［84］ MACIEL L , GOMIDE F , BALLINI R . Evolving Fuzzy-GARCH approach for financial volatility modeling and forecasting ［J］. Computational economics, 2015, 1 (3): 1-20.

［85］ JAYAWARDENA N I, TODOROVA N, LI B, et al. Forecasting stock volatility using after-hour information: evidence from the australian stock exchange ［J］. Economic modelling, 2016 (52): 592-608.

［86］ ATSALAKIS G S, VALAVANIS K P. Forecasting stock market short-term trends using a neuro-fuzzy based methodology ［J］. Expert systems with applications, 2009, 36 (7): 10696-10707.

［87］ SHI Y, TIAN Y, WANG Y, et al. Sequential deep trajectory descriptor for action recognition with three - stream CNN ［J］. IEEE transactions on multimedia, 2016, 19 (7): 1510-1520.

［88］ ILIA K, MAXIM H, ANATOLII Z, et al. Putting hands to rest: efficient deep CNN-RNN architecture for chemical named entity recognition with no hand-crafted rules ［J］. Journal of cheminformatics, 2018, 10 (1): 28-41.

［89］ QIN Y, SHEN G W, ZHAO W B, et al. A network security entity

recognition method based on feature template and CNN−BiLSTM−CRF ［J］. Frontiers of information technology & electronic engineering, 2019, 20 （6）: 872−884.

［90］ CHEN R, WANG X, ZHANG W, et al. A hybrid CNN−LSTM model for typhoon formation forecasting ［J］. GeoInformatica, 2019, 23 （4）: 375−396.

［91］ WANG Y, HUANG J, HE T, et al. Dialogue intent classification with character−CNN−BGRU networks ［J］. Multimedia tools and applications, 2019 （6）: 1−20.

［92］ VARGA D, TAMÁS SZIRÁNYI. No−reference video quality assessment via pretrained CNN and LSTM networks ［J］. Signal image and video processing, 2019, 13 （8）: 1569−1576.

［93］ FAHLMAN, HINTON. Connectionist architectures for artificial intelligence ［J］. IEEE computer, 2006, 20 （1）: 100−109.

［94］ KRIZHEVSKY A, SUTSKEVER I, HINTON G. ImageNet classification with deep convolutional neural networks ［J］. Advances in neural information processing systems, 2012 （2）: 1097−1105.

［95］ LECUN Y, BOTTOU L, BENGIO Y, et al. Gradient−based learning applied to document recognition ［J］. Proceedings of the IEEE, 1998, 86 （11）: 2278−2324.

附录 混合 CNN-RNN 模型代码

```
import math
import matplotlib. pyplot as plt
from sklearn. metrics import roc _ auc _ score, mean _ squared _ error,
classification_report
from sklearn. preprocessing import Normalizer
from sklearn. model_selection import train_test_split
from keras import layers, optimizers
from keras. models import Sequential
from keras. layers import Dense, Flatten
rowdata = rowdata [ [ 'price_change', 'close_5_d', 'ma5', 'ma10', 'ma20',
'close_26_ema', 'macd', 'rsi_6', 'rsi_12', 'wr_6', 'cci', 'atr', 'adx'] ]
label = np. where( rowdata[ 'price_change'] >= 0, 1, 0)
data = rowdata. drop( 'price_change', axis = 1)
#分割数据集
train_x_full, test_x, train_y_full, test_y = train_test_split( data, label, random_
state = 1234, test_size = 0. 2)
train_x, valid_x, train_y, valid_y = train_test_split( train_x_full, train_y_
full, random_state = 1234, test_size = 0. 2)
#正则化预处理
scaler = Normalizer( )
train_x = scaler. fit_transform( train_x)
valid_x = scaler. transform( valid_x)
```

```
test_x = scaler. transform( test_x)
```

#重塑维度

```
train_x = train_x. reshape( ( train_x. shape[ 0 ] , train_x. shape[ 1 ] ,1) )

valid_x = valid_x. reshape( ( valid_x. shape[ 0 ] , valid_x. shape[ 1 ] ,1) )

test_x = test_x. reshape( ( test_x. shape[ 0 ] , test_x. shape[ 1 ] ,1) )
```

#构建 CNN-RNN 模型

```
model = Sequential( )

model. add( layers. Conv1D( 128 ,5 , activation = 'relu' , input_shape = ( train_x. shape[ 1 ] ,1) ) )

model. add( layers. MaxPooling1D( 3) )

model. add( layers. LSTM( 64 , dropout = 0. 1 , recurrent_dropout = 0. 5 , return_sequences = True) )

model. add( layers. LSTM( 32 , dropout = 0. 1 , recurrent_dropout = 0. 5 , return_sequences = True) )

model. add( layers. GRU( 16 , dropout = 0. 1 , recurrent_dropout = 0. 5 , return_sequences = True) )

model. add( layers. GRU( 8 , dropout = 0. 1 , recurrent_dropout = 0. 5 , return_sequences = True) )

model. add( Flatten( ) )

model. add( Dense( 1 , activation = 'relu') )
```

#调整优化器学习率

```
adam = optimizers. Adam( lr = 0. 001)

model. summary( )

model. compile ( loss = 'binary _ crossentropy' , optimizer = adam, metrics = [ 'accuracy'] )
```

```python
print('开始进行训练:')
history = model.fit(train_x, train_y, batch_size = 128, verbose = 2, epochs =
500,
validation_data = (valid_x, valid_y))
fig = plt.figure()
ax1 = fig.add_subplot(1,2,1)
ax2 = fig.add_subplot(1,2,2)
ax1.plot(history.history['accuracy'], label = 'train', ls = '-', lw = 2)
ax1.plot(history.history['val_accuracy'], label = 'test', ls = '-', lw = 2)
props1 = {
            'title':'Accuracy',
            'xlabel':'epoch',
            'ylabel':'accuracy'
}
ax1.set(* * props1)
ax2.plot(history.history['loss'], label = 'train', ls = '-', lw = 2)
ax2.plot(history.history['val_loss'], label = 'test', ls = '-', lw = 2)
props2 = {
            'title':'Loss value',
            'xlabel':'epoch',
            'ylabel':'loss value'
}
ax2.set(* * props2)
ax2.legend(loc = 'best')
fig.show()
```

\#模型评估

loss, accuracy = model. evaluate (test_x, test_y)

print ('Loss：', loss)

print ('Accuracy：', accuracy)

pred = model. predict_classes (test_x)

print ('模型 AUC 为：', roc_auc_score (test_y, pred))

print ('模型均方差（MSE）为：', mean_squared_error (test_y, pred))

print ('模型均方根误差（RMSE）为：', math. sqrt (mean_squared_error (test_y, pred)))

print ('Classification report：\n', classification_report (test_y, pred, digits = 4))